言語活動が充実する！

対話でつくる英語授業

瀧沢 広人

JN011316

学陽書房

はじめに

　新しい学習指導要領（平成 29 年告示）では、小中高と一貫して、目標の中に「言語活動を通して資質・能力を次のとおり育成する」という文言が入りました。

　ここでのポイントは、「言語活動を通して」です。言語活動とは、「実際に互いの考えや気持ちを伝え合うなどの活動」を基本とします。つまり、学習過程において、学習事項を用い、自分の考えや気持ちを伝えながら、語彙や文法を身につけていくことになります。

　まさしく、**対話を通して言葉を学ぶ**ということなのではないでしょうか。

　では、対話を通して学ぶとは、どのようにすることなのでしょうか。そのポイントを 3 つあげます。

　1 つ目は、**教室に入った瞬間から英語で対話すること**です。

　教師の頭の中を、英語モードにし、身近な話題を用いて生徒と対話します。また、生徒には、発話を強制させず、完ぺきな発話も期待しないようにします。そのことより、生徒と英語でコミュニケーションを楽しむようにします。

　2 つ目は、**生徒同士で対話できるだけの力をつけてあげること**です。

　簡単な質問をしたり、質問にすらすら答えたりする力をつけさせます。また、対話をつなぐ filler となる言葉を教え、対話を継続する方法を教えます。これらは、地道な継続により、少しずつ生徒に身につくものであり、帯活動で行っていくとよいでしょう。

　3 つ目は、**教科書でも対話すること**です。

　そのためには、発問を工夫します。推論発問や自己関与発問を用いれば、教科書題材について生徒と対話できます。教科書に書かれていることから推論し、自分の考えや思いを伝えたり、生徒自身のことを尋ねたりする言語活動が可能になります。

　本書のテーマである「対話」は、言語活動を通して指導することであり、生徒との対話、生徒同士での対話の充実を目指すものです。

さて、そもそも「対話」とは何でしょうか。「会話」とどこがどう違うのでしょうか。よく対話は、「2人で話をする」、会話は、「2人以上で話をする」と言われます。つまり、「対話」は2人が向き合って、何かについて話をするというイメージになります。

　また、「対話」にはコミュニケーションの目的が存在します。それは、「意味の共有」と「相互作用」です。対話を通じ、2人の持つ情報や考え方を共有し（意味の共有）、新たな考えや思いがつくられる（相互作用）ことが対話の目的であり、コミュニケーションが成立するときです。

　同時に、対話では、「聞く」ことも大切です。「聞く」には2つあり、1つは、「聴く」です。これは、相手を尊重し、相手のことをよく知り、わかろう、理解しようとして聴くことです。

　もう1つは、質問し合って、「訊く」です。お互いに理解するために訊きます。

　そして、「聞く」の次に「伝える」が来ます。ここで、お互いの考えを摺り寄せ、意味の共有と新たなものを生みだすことにつなげます。

　まさに、英語の授業は、このような「対話」を通じ、コミュニケーションの仕方を学んでいるのではないかと思います。「主体的・対話的で、深い学び」と言われますが、本当の意味で、「対話」になっているかどうか考えてみるのもよいかと思います。

　本書は、英語授業における「対話」をテーマに、対話授業を組み立てるポイントを第1〜3章にあげました。第4〜6章では、英文法を、対話を通じて指導するとしたら、どのような形態になるのか、その例を示しました。第7章では、教科書を使って対話するとしたら、推論発問、自己関与発問を生徒に投げかけ、それで生徒同士、また教師との対話が可能になると考えました。参考にしていただけると幸いです。どうかお読みいただき、実践に活かしてもらえたらと思います。

令和5年1月 吉日

岐阜大学教育学部　瀧沢広人

目次

第1章 英語授業で対話を成功させる8つのポイント

第2章 「対話授業」を実現させる授業準備

第**3**章 ## 対話を継続させる
コツ&ルール

第**4**章 ## 対話で導入！
英文法の指導事例 中学1年生編

第5章 対話で導入! 英文法の指導事例 中学2年生編

第6章 対話で導入! 英文法の指導事例 中学3年生編

第**7**章 教科書を使って
英語で対話する

「言語活動を通して」指導する

✏️ 目標に「手段・方法」が記された！

「言語活動を通して」というのは、『中学校学習指導要領（平成 29 年告示）外国語』における大きな目玉と言ってよいでしょう。これは、外国語の目標の中に、次のように記されています。

外国語によるコミュニケーションにおける見方・考え方を働かせ，外国語による聞くこと，読むこと，話すこと，書くことの言語活動を通して，簡単な情報や考えなどを理解したり表現したり伝え合ったりするコミュニケーションを図る資質・能力を次のとおり育成することを目指す。（中学校学習指導要領（平成 29 年告示）外国語）※下線強調は筆者

ここに「言語活動を通して」という言葉が出てきます。
では、1 つ前の学習指導要領（平成 20 年告示）の外国語の目標を見てみましょう。ここには 3 つの目標が羅列されているだけです。

外国語を通じて，言語や文化に対する理解を深め，積極的にコミュニケーションを図ろうとする態度の育成を図り，聞くこと、話すこと、読むこと、書くことなどのコミュニケーション能力の基礎を養う。（中学校学習指導要領（平成 20 年告示）外国語）

大きく違う点は、今回の学習指導要領においては、**どのように資質・能力を育成させるのか、その「手段・方法」が明記された**ことです。つまり、「言語活動を通して指導してくださいね」と文部科学省は訴えているのです。

✏️「言語活動」ってそもそも何？

では、「言語活動」とは、どういった活動なのでしょうか。

『中学校学習指導要領（平成29年告示）解説　外国語編』から、見てみましょう。「解説」では、次のように書かれています。

> 言語活動は、「実際に英語を使用して互いの考えや気持ちを伝え合うなど」の活動を基本とする。(中学校学習指導要領（平成29年告示）解説　外国語編　p.85)

つまり、実際に自分の考えや気持ちを伝えることが大事となります。

従来の活動では、次のような形式で、Meg is going to play soccer. 等と生徒に言わせていました。

例を参考に、今度の日曜日の予定を言ってみよう。

例）Meg
play soccer

１）I
go shopping

２）Yumi
watch a movie

でも、Megってどこにいるのでしょうか。Iってあるけれど、僕は買い物に行かないよ。ここには生徒の気持ちや思いが入っていません。機械的にただ文を生成しているだけです。

そうではなく、本当の自分のことを表現させつつ、指導するというのが、「言語活動を通して」だと考えるのです。

では、どのように指導したらいいのでしょうか。たとえば、中学2年生で、助動詞 must を学習します。従来の指導は、まず導入で must の入った文を提示し、形式と意味を理解させます。

その後、イラストを用い、must と must not の練習をします。例では、We must pick up trash. となり、2）では、We must not talk in the library. となります。このような口慣らしをしてから、言語活動を行い、must／must not を使って文を生徒に言わせる手順だったと思います。

例）We	1）You	2）We
pick up trash	do your homework	talk in the library

これを、言語活動を通した指導にするには、**教師が must の形式と意味を生徒に理解させたら、いきなり言語活動をさせてしまう**のです。つまり、練習の段階から、生徒の考えや気持ちを伝え合わせるのです。

たとえば、What rules do we have in this school?（この学校にはどんな規則がある？）と尋ねるのです。

ALT に尋ねさせてもいいです。ALT に学校の規則を語ってもらった後、「じゃあ、みんなの学校にはどんな規則があるの？」と尋ねると、そこに「目的や場面、状況」が生まれます。生徒は、

「登校時刻が8時20分」We must come to school by 8:20.

「廊下は走ってはいけない」We must not run in the hall.

「制服を着なくてはいけない」We must wear a uniform.

などと、規則を思い出し、英語で伝えようとするでしょう。

　このように、**練習させなくても、いきなり生徒の考えや気持ち、思いを伝えさせる活動をさせたらどうか**と思うのです。そして、そのように表現したときに、言語は身につくのではないかと思うのです。

　もちろん、言語材料により、可能なものと可能でないものがあります。

✏ しかし、必要に応じて「練習」はする！

　『中学校学習指導要領（平成29年告示）外国語』の中で、見逃してはいけない文言があります。

ウ　実際に英語を使用して互いの考えや気持ちを伝え合うなどの言語活動を行う際は，
　2の（1）に示す言語材料について理解したり練習したりするための指導を必要に応じ
　て行うこと。　　　　　　　「第2章第9節　外国語3　指導計画の作成と内容の取扱い」

　つまり、「言語活動を通して」と言いながら、必ず「言語活動」だけで指導しなくてはいけないことはなく、必要に応じて「練習」もするということになります。

　そこで、これからの英語授業としては、言語活動を行った後に、練習の場を設け、言語材料の使い方を確認し、再度、言語活動を行うという指導過程になっていくのではないかと思うのです。

（従来の指導過程）	**（新しい指導過程）**
1　導入	1　導入
2　練習	2　言語活動
3　言語活動	3　練習
4　まとめ	4　言語活動
	5　まとめ

第1章

英語授業で
対話を成功させる
8つのポイント

1

「身近な話題」を用いて、生徒と対話する！

✏️ 「身近な話題」で繰り返し、表現の幅を広げていく

　生徒と対話する際、まず気をつけたいことは、「易しい内容で対話する」ということです。第二言語で対話するわけですから、内容が難しかったら、生徒と対話すらできません。

　できるだけ生徒の「身近な話題」で対話を行い、そしてだんだんと身近でない話題でも語れるようにしていきます。

　外国語の中学校学習指導要領（平成29年告示）解説にも次のように書かれています。

　そのためには，身近な話題を選択したり，スピーチ活動などで扱ったことのあるテーマを取り上げるなど既習事項等を活用したりすることや，伝え合う活動を継続的に行い，生徒が自分の言いたいことを即興で表現できる範囲を徐々に拡大していくことが大切である。（中学校学習指導要領（平成29年告示）解説　外国語編　p.61）※下線強調は筆者

日常生活に
関連が
あるもの

English

eco

身近な話題　　　　　　　　　　　　　　　　身近でない話題

✏️ 生徒にとって「身近な話題」とは？

　生徒にとって身近な話題とは、生徒の身の回りの話題です。

　生徒自身のことや、生徒の日常生活に関すること、生徒が普段考えていること等は、身近と言ってよいでしょう。生徒と話題の対象が、心理的・空間的・物理的に近いものが、身近な話題となります。逆に、身近でない話題とは、世界で起こっていることなど物理的な距離が遠かったり、普段あまり考えなかったりすることや、話題にあがらなかったりすることです。

✏️ 身近な話題を用いた生徒との対話例　－中学１年生－

 先生
（車の写真を見せて）Whose car is this?

 生徒
Yoshikawa sensei./ Mr. Yoshikawa.

Yes. It is Mr. Yoshikawa's car.
It is a big car.　How about this car?

Matsumoto sensei.

It's Ms.Matsumoto's car.

Matsumoto's car.

Yes. What color is Ms. Takeuchi's car?

Blue? / Red? / White?

Look. Her car is white! This is a very expensive car.

2 生徒の「完璧な発話」は 求めない！

✏ 英語で対話できることに価値を置く！

　生徒と対話で英語授業を組み立てようとする際、悩ましいのは、生徒がきちんとした文で返答してこないということです。

　私も実際、そうでした。

　私が質問しても、生徒からは Yes. とだけ返ってきて、結局、しゃべっているのは私だけということもありました。

　しかし、言語の習得を考えたときに、最初からすらすら言語が使用できるということはなく、母語においては、最初は1語文（幼児：マンマ）から始め、2語文（幼児：マンマ、ちょうだい）、3語文（幼児：パパ、こっち、来て）と、だんだんと語句や文で言えるようになってきます。

　それを考えたら、最初から英文できちんと応答させることよりも、まずは生徒と英語でコミュニケーションを図る（＝対話する）ことに価値を置いたほうがいいように考えるようになりました。

✎ 動作やジェスチャーでもよい！

Total Physical Response（TPR）という指導法があります。これは発話を強制させることなく、聞くことを重視します。聞いて内容を理解し、動作で反応します。たとえば命令ゲームです。Stand up. という指示に生徒は立ち、Walk. と言ったら歩くなど反応は動作で行うので、発話のプレッシャーがなく、安心感を持って学習できる利点があります。カルタゲームもそうですね。対話においても最初からきちんと英文で言わせるということは排除し、まずは１語文でも英語で対話ができればよいとしたらどうでしょうか。

✎ 生徒を知ることを目的にした生徒との対話例　−中学２年生−

先生　What do you like to do?

生徒　Watch YouTube!

先生　Oh! You like watching YouTube.

生徒　Yes.

先生　What do you watch?

生徒　Comedy.

先生　Comedy show.

生徒　Yes.

先生　Who is your favorite comedian?

3

指導したいことは
気づかせる！

Gass（1997）は、第二言語を習得する際にインプットしたものをアウトプットするまでに、私たちが脳内で行っていることを次のように示しました。

まず、インプットしたことに「気づき」ます。そして気づいたものを「理解」します。

その後、理解したものを言語活動や練習を行い、自分の中に取り入れます。英語でいうと intake（内在化）です。

最後は、既習事項を組み合わせながら、自由自在に使用してみる段階の「統合」です。

実はこの最初の「気づき」が大切で、いかに生徒に「気づかせるか」がポイントです。気づかせることが教師の最初の仕事と言っても過言ではありません。

そして「気づき」を生むには、教えたいところを強調して示すことです。

インプット
↓
気づき
↓
理解
↓
内在化
↓
統合
↓
アウトプット

①ゆっくり言う。
②大きい声で言う。
③強調したい語句の前で、間を空ける。
④視覚情報を与える
⑤同じ言葉を繰り返す。
⑥集中させてから言う。
⑦生徒に問う。

気づきを
生ませる‼

✏️ 対話の中で、どんなふうに気づかせるか？

　私たちは日常の授業で、生徒に気づかせたいことを自然と気づかせているのではないでしょうか。たとえば、気づかせたいところを大きな声で言ってみる、間を空けてから言う、また強調したいところをゆっくり言ってみるなどをして、生徒に言語形式に気づかせたり、表現方法に気づかせたりしているかと思います。

✏️「気づき」を取り入れた生徒との対話例　－中学１年生－

先生　What did you do last weekend?

生徒　I go to デパート .

You WENT to the DEPARTMENT STORE.（大きめの声）

Yes, department store.

What did you buy?

Yes.

What（ゆっくり言う）… did you buy?

あっ。靴、、、Shoes.

You bought a shoes. Nice!

（参考）『Input, Interaction, Out put』（Gass., 1997）

4 生徒の発話を「フィードバック」する！

✏️ 訂正フィードバックを行う！

対話の基本は、コミュニケーションです。生徒の発話が理解できればいいのですが、授業はある意味、指導する場所でもありますので、適切なフィードバックを行い、よりよい発話ができるように指導します。

6つの訂正フィードバック	
リキャスト	より適切な表現に言い換えて、学習者に聞かせる。
明示的訂正	誤りの部分を指摘し、正しい表現を提示する。
明確化の要求	もう一度言わせ、誤りに気づかせる。
メタ言語的修正	言語的エラーを明示的に指摘し、修正させる。
誘導	エラーの手前まで繰り返し、自己訂正を促す。
繰り返し	上昇イントネーションで繰り返し、誤りに気づかせる。

コミュニケーションを維持しつつ、フィードバックする！

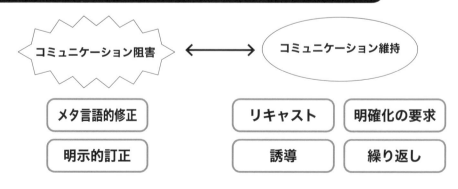

コミュニケーション阻害 ←→ コミュニケーション維持

| メタ言語的修正 | リキャスト | 明確化の要求 |
| 明示的訂正 | 誘導 | 繰り返し |

✏️ コミュニケーションの維持と阻害

　フィードバックには利点と欠点があります。「リキャスト」「明確化の要求」「誘導」「繰り返し」は、コミュニケーションの流れを阻害しませんが、適切に修正できるかどうかはわかりません。

　一方、「明示的訂正」や「メタ言語的修正」は、生徒の誤りを修正することはできますが、コミュニケーションの流れが阻害されてしまいます。

　これらを、授業では適切に使いわけます。

✏️ 訂正フィードバックを入れた生徒との対話例　－中学１年生－

生徒　I want to go Italy.

先生　Oh, you want to go <u>to</u> Italy?　【リキャスト】

Yes. I want eat pasta.

I want. ↗　【誘導】

I want to eat pasta.

Which do you like better, pasta or pizza?

I like pasta.

Pasta better. I like pasta better.　【明示的訂正】

I like pasta better.

5

言語活動と学習活動を区別する！

✏️ 言語活動と学習活動の、それぞれの役割とは？

　言語活動は、考えや気持ちを伝え合うなどの活動を言います。

　対話の多くは、言語活動です。教室という「場面や状況」の中で、教師が生徒に何かを伝えたい、生徒のことを知りたいという「目的」のもと、生徒と対話を行います。これは、目的のある言語活動となります。

　そのような言語活動では、意味伝達に主眼を置き、生徒の伝えたい内容に注目します。

　一方、学習活動は、練習です。

　多くは、発話者と関係のない内容を言語形式に沿って機械的に言っているだけです。教師の後に英文を繰り返して言ってみたり、イラストを見て絵に合う内容を英語で言ってみたりする活動は、学習活動となります。

✏️ 言語活動に必要な「場面や状況」とは？

　生徒が互いに Where do you want to go? を使って、行きたいところを尋ねます。これは言語活動でしょうか。

　Where do you want to go? と尋ねられて、行きたいところを言うことから、自分の考えを言っているとも言えます。

　しかし、単にこれだけでは言語活動として不十分です。場面、状況がないのです。

　しかし、もし教師が I like travelling. I want to go to Italy and France. Where do you want to go? というようなやり取りがあった後に、「友達は、どんな国に行きたいのかな？」「ペアに尋ねてみよう」という場合はそ

こに目的がうまれ、対話は言語活動となるでしょう。

✏️ 発話の目的を持たせた、生徒との対話例　－中学1年生－

 先生
> I like traveling. I want to go to Italy and France.
> Where do you want to go?

 生徒1
> I want to go to Australia.

> Why?

> I want to see koalas.

> Nice. Where does your partner want to go ?
> Do you know that ? Let's ask your partner.

> Where do you want to go?

 生徒2
> I want to go to Korea. How about you?

学習活動		言語活動
英文リピート イラストに合う英文 疑似コミュニケーション ゲーム		対話 Small Talk 場面、状況のある中でペアで尋ね合う インフォメーションギャップ活動

6

Small Talkで英語を話す雰囲気をつくる！

✎ Small Talkで、「対話」の習慣づくり！

対話は習慣です。日常から生徒と英語で会話をする関係が、対話を充実させます。時間はかかりますが、継続して、英語で生徒と対話を試みることが大切です。

教室に入った瞬間から、英語で話しかけ、生徒に語りかけます。それを効果的につくってくれるのが、Small Talk です。

Small Talk は、ビジネスの世界では、本題に入る前の人間関係づくりを主な目的として行われるものです。

つまり、Small Talk が上手に展開できることは、ビジネスの世界では必要な技能として考えられています。

✎ 学校におけるSmall Talkは？

そのようなビジネスにおける Small Talk が、ビジネスを円滑に進めるためのものとすれば、学校教育における Small Talk は、その後の授業が円滑に進むよう、生徒同士の人間関係をよりよくし、学習者として協同し合える

Teacher's Talk　　　　　　　　　　生徒同士の Small Talk

ような関係づくりに、その目的があるのではないかと思います。

　そこで、教師の好きな色を紹介した後、Do you know what color your partner likes?（隣の人は何色が好きなのかな？）Today, let's talk about your favorite color. Make pairs.（今日はあなたの好きな色について話しましょう。ペアをつくって。）と言って、生徒同士の対話に入ります。その際、ビジネスの世界から学び、最初の30秒で挨拶や最近の出来事など尋ね合わせ、その後ベルを鳴らし、本題に入らせたらどうでしょうか。

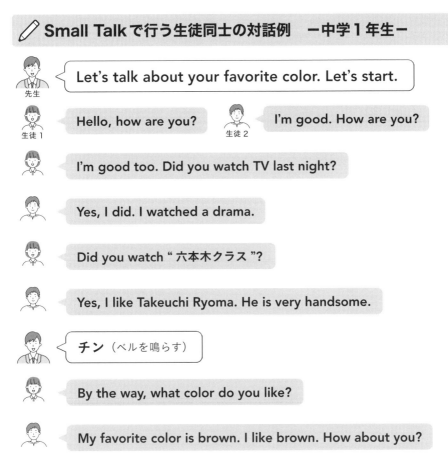

✏ Small Talkで行う生徒同士の対話例　−中学1年生−

先生
Let's talk about your favorite color. Let's start.

生徒1
Hello, how are you?

生徒2
I'm good. How are you?

I'm good too. Did you watch TV last night?

Yes, I did. I watched a drama.

Did you watch "六本木クラス"?

Yes, I like Takeuchi Ryoma. He is very handsome.

チン（ベルを鳴らす）

By the way, what color do you like?

My favorite color is brown. I like brown. How about you?

（参考）『英語教師のためのTeacher's Talk & Small Talk 入門』（瀧沢広人、明治図書）

7

授業には対話する場面がたくさんある！

✎ 生徒が理解できる英語で語りかける！

　授業の中で、対話する場面はどこにあるのでしょうか。

　一言で言えば、授業のすべてです。教師が教室に入った途端、英語の対話場面が生まれます。

　Hello. と言って教室に入り、近くの生徒に、How are you? と尋ねます。何かをしていれば、What are you doing? と尋ね、Oh, you're doing your math homework. Hang in there. と言います。

　その場の様子で、語りかける英語は異なります。よって、教師はできるだけ、生徒が理解できる英語を選択し、生徒に投げかける必要があります。

✎ さまざまな場面で行う英語での対話

　チャイムが鳴ると授業が始まります。準備運動としてペアで行う QA 活動を行い、基本表現をトレーニングした後、Small Talk に入ります。この Small Talk が対話場面です。Small Talk が終わると、本時の学習です。

　文法や教科書の導入を行います。この場面も、対話で行います。導入後の展開部においては、英語で指示を出したり、英語で説明したり、ペアで活動させたりします。ここも対話です。

　最後にまとめです。文法解説や教科書の説明などで、英語では困難な場合は、臆せず、日本語で行います。

　英語で行うことが第一の目的にならず、生徒が理解できることを目的にし、適宜、使用言語を調整します。

✏️ 文法の導入場面における生徒との対話例　－中学2年生－

先生 Look. （写真の一部を見せる）It's 7 last night. What was I doing?

生徒 Eating.

Yes. I <u>WAS</u> eating sweetfish at 7 last night.
At 8, what <u>WAS</u> I doing?

You was …? were taking a bath.

I <u>WAS</u> taking a bath? Sorry, I wasn't taking a bath.

Watching?

Yes! I <u>WAS</u> watching TV at 8. What <u>WAS</u> I doing at 9?

You were taking a bath.

Again? I <u>WAS</u> eating dinner again!

主な対話場面

①教室に入ったとき
②授業の最初の帯活動
③文法や教科書本文の導入
④文法事項を用いた教師と生徒との対話
⑤文法事項を用いた生徒同士の対話
⑥文法事項の振り返りの場面での理解度の確認
⑦教科書の内容に関する問答
⑧雑談

教師は生徒と英語でやり取りできるだけの英語力を身につけなくてはいけない！

8

未習事項も必要が あれば使用する！

✎ 言語は使用する中で身につく！

　授業には指導の順番があります。１年生で過去形、２年生で未来形、３年生で現在完了形のように、易から難への原則に従い、文法の指導事項の配列が設定されています。しかし、やり取りの都合で、未習事項も使わざるを得ない場合が出てきます。そのとき、どうされていますか。

　　A　まだ、習っていないので扱わない。

　　B　文法事項としてではなく、表現として教えてしまう。

　今では、小学校で英語を学び、場面や状況に合う表現として、生徒は学んできています。〈文法〉ではなく、〈表現〉で学んできます。そのことを考えると、中学生であっても、〈表現〉として教えてしまえば、未習事項も指導可能ではないかと思います。積極的に使用してよいと考えます。

✎ 未習事項は扱うが、定着までは求めない！

　対話していると、次のような場面に出くわします。

　　生徒１：I don't like green peppers.　生徒２：*Me too.

　教科書には、なかなか Me neither. は出ません。日本語の「私も」をそのまま英語の否定のときも使ってしまうのです。

　では、習っていないからといって、そのままでいいのでしょうか。こうしたケースなどは、〈表現〉として教えてしまい、その後、繰り返す中で、身につけていけるものと思います。

　また、Have you ever been to ～ ? の現在完了形も、文法として教えるのではなく、〈表現〉として扱えば対話での活用範囲が広がるでしょう。

先生 I saw you playing soccer yesterday.　You played soccer very hard.　Did you run a lot?

生徒 Yes. I … ran 20 … 周．周ってなんて言うの？

laps.

I ran 20 laps.

You ran 20 laps in the school ground?

Yes. And 腕立て伏せ．

Push-ups.

I push ups …50 times.

You did 50 push-ups.

言いたいけど言えない

表現として教えられそうなものは、教える

定着を求めない。その場だけで言えれば良しとする

言語活動＝コミュニケーションなの？

1 ▶ 言語活動 vs 練習

　言語活動を「実際に英語を用いて互いの考えや気持ちを伝え合うなどの活動」とした際に、隣同士で、好きな色を尋ね合う活動をしたとします。これは言語活動でしょうか。

　「俺は赤が好きなんだけど、君は？」「私は青」——ここに生徒の考えや気持ちが入っているでしょうか。入っていますよね。「俺は赤が好きなんだ」と自分の考えを相手に伝えています。言語活動でいいですよね。

　しかし、いきなりこれをやらせたら、それは〈練習〉の範囲だと思います。言語活動には、言語を使用する目的や場面、状況が必要です。たとえば、教師が、Look at my shoes. They are brown. They are brown too. They are brown! Maybe I like brown. What color do you like? 友達は何色が好きなのかな？ What color does your partner like? Ask your partner. のように、活動に目的や場面、状況をもたせると、言語活動になるのではないでしょうか。

2 ▶ 言語活動 vs コミュニケーション活動

　では、次はどうでしょうか。教師が生徒と英語で会話します。

　　先生：What did you eat for breakfast this morning?　生徒1：I ate *natto*.
　　先生：Do you like *natto*?　生徒1：Yes. I love it.

　これは、言語活動でしょうか。これも目的によると思うのです。たとえば、中学1年生で過去形を学習したときに、教師と生徒がやり取りを行うのは、学習のための活動で、実際に英語を用いて生徒の考えを引き出しているので、言語活動といえるでしょう。でも、もし中学3年生とこの会話をしたときには、もしかしたらコミュニケーション活動かもしれませんし、教師の意図として、「過去形を習熟させたい」と思って行えば、言語活動であるともいえます。

　よって、言語活動は、ときにはコミュニケーションにもなり、ときには練習活動にもなると考えます。

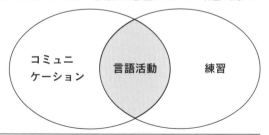

第2章

「対話授業」を実現させる授業準備

対話のネタを探す

✎ ネタ選定の４つのポイント

　生徒と対話するためには、話材を考えなくてはいけません。つまり、ネタ
です。そしてそのネタの選定にもポイントがあります。

　１つ目は、**「身近であること」**です。生徒から身近であればあるほど、発
話しやすくなります。たとえば、生徒自身のことや、生徒の身の回りのこと、
日常的な話題などになります。学習指導要領の英語の目標の中にも「日常的
な話題について」と出ています。

　２つ目は、**「おもしろいこと」**です。生徒にとって話題にする内容に「楽
しさ」があるかということです。たとえば、「タラちゃんの頭を隠すとカツ
オに見える」というのがあります。タラちゃんの頭を隠し、Who is this?
と尋ねます。Katsuo! と言ってきたら、Sorry. That's Tara-chan. と隠して
いた部分を取ってみます。生徒は、「え〜〜」となります。

　３つ目は、**「知っているか知らないか、ギリギリを問うこと」**です。

　五輪マークの５つの色、何色がどこに使われているかわかりますか。簡単
そうでなかなか答えられない、そういったギリギリのところを話題にすると、
生徒の興味を引きます。キャラクターのチップ＆デールもそうです。どっち
がチップなの？と尋ね、違いを生徒に表現させていきます。

　４つ目は、**「タイムリーな話材であること」**です。12月には、今年の漢字
が出ます。ある年、私は蜂に刺されました。そのとき撮った写真もあります
ので、写真を見せながら私の１年を語ります。「腰痛」「蕁麻疹」「蜂さされ」
と語り、最後に私の漢字を見せました。「災（わざわい）」です。その後、生
徒にどんな１年だったか、今年の漢字を尋ねていきます。

✏️ タイムリーな話題を用いた生徒との対話例 ―中学3年生―

先生

> You are going to Kyoto and Nara next month. What's your plan? Where do you want to go?

生徒

> I want to go to Kiyomizu Temple.

> Why do you want to go there?

> I want to drink water.

> Drink water?

> Yes. Three waterfalls. One is for studying, the second one is for making love.

> Wow!

> The last one is for long life.

> Oh, we can live long. What do you want to drink?

ネタを見つける

身近な話題
生徒自身のこと・身の回りのこと
日常的な話題

おもしろい話題
クイズ・知的な話題
教師の体験談

知っているか知らないかの話題
雑学・漢字・動植物
理科・社会科的話題

タイムリーな話題
学校行事・部活動
誕生日・伝統文化的行事

2

教師が英語で話してみる

✎ 英語を話してみようと思えば、勉強したくなる！

　対話授業を成立させるためには、最低条件として、教師が英語で話してみなければ、対話は実現しません。まずは、思いきって、教師が英語を使ってみようと思うことです。

　そして、英語で話してみようと思えば、必然的に英語を勉強したくなります。英語を勉強すると、使いたくなるものです。よい学びのサイクルが生まれます。

✎ 英語を考えながら、話す！

　英語を話すとき、特段、流暢に話す必要はありません。私自身、コロナ禍において、マスクをしながら話すと、どうしてもマスクの下で口を動かさなくてはいけないので、ついついゆっくり、間を置いて話すようになりました。

教師が英語で話す

英語を勉強する

英語が使いたくなる

ただ同時に、その間に、英文を組み立てている自分に気づきました。

　生徒に英語を聞かせるわけですので、生徒にわかる英語を「選択」しなくてはいけません。流暢である必要はありません。

✏ 自分の思いを英語で言い表す！

　対話の基本は、自分が思ったことを英語で言い表せばいいです。すると、言えない表現が度々出てきます。気になったら調べればいいです。今はネットで正しい表現を知ることができますので、表現を知るチャンスとなります。

✏ 英語で近況を話す生徒との対話例　－中学2年生－

先生

Hello.（元気そうな顔を見て）
What did you do last week?

生徒

I joined the *judo* tournament.

Oh, how was that?

Miyuki won the championship. She got first place.

Great! How about you?

I was in second place.

You did it well. When will you have the next game?

We'll have it in winter.

「モノ」や「写真」を準備する！

「モノ」や「写真」を見せる！

英語で対話するためには、対話する「ネタ（話材）」がなければ、対話はできません。

そのネタも、口頭で生徒と対話するだけでなく、そこに視覚情報を加えると、内容がうまく伝わったり、話題が深まったりします。

同時に、生徒の視線が教師の方に集まります。

授業の冒頭に行う Teacher's Talk では、パワーポイントでスライドを作成し、それを見せながら生徒に語り、それを材料に生徒と対話していけます。

また、スライドを作る過程で、「こんな風に言おうかな」「こんな話題で生徒に質問してみようかな」と考えることで、よいリハーサルの場となります。

「実物」を見せる！

モノを持ち込むことも、ぜひ行いたいです。授業には変化が必要です。

I can play *kendama.*

モノがないと、
生徒の視線があちこちに飛ぶ

I can play *kendama.*

モノがあると、
生徒の視線が集まる

いつも同じパターンだと、だんだんマンネリ化し、生徒の顔が横を向きます。

そこで、ときには、実物を持ち込んでみます。

たとえば、can ／ can't を学ぶ中学1年生ではけん玉を持ち込み、その場で実演して見せます。大皿、小皿に玉をのせ、最後に剣先に玉を入れます。そして、I can play *kendama*. Can you play *kendama*? と、けん玉をネタに生徒と対話ができます。そして危なくない程度に、生徒にもやらせます。

✏ 実物を持ち込んだ、ALTとの対話例 −中学2年生−

 Mr. Takizawa, I feel too hungry.

 I have bananas. （バナナを見せる）**Do you want to eat it?**

 Yes, thank you.

 Here you are. （モンキーバナナ：小さいバナナを渡す）

 Oh… thank you. My banana is smaller than yours. I'm thirsty.

 I have some bottled water. （ペットボトルの水を見せる）

 Wow, good timing. Can I have one?

 Sure. （小さいペットボトルを渡す）

 Oh…, thanks. Your bottle is bigger than mine!

発言カードを用いる！

✏️ 英語発言の見える化をする！

　とかく英語の学習は、成果が見えづらいものです。成長しているのか、成長していないのか、よくわかりません。

　また、語学はある程度の学習量を必要とします。

　そこで私は、「発言カード」を作成し、生徒に渡します。世界地図に丸がしてあり、日本を旅立ち、太平洋を越え、ハワイに行き、そこからアメリカ本土。その後、北に向かいカナダ、アラスカ、ロシア、ヨーロッパ、アフリカ、アジア、オセアニア、そして南アメリカ大陸を通って日本へ戻ってくるような発言カードです。

✏️ 1つでも発言したら、丸を黒く塗る！

　色画用紙に発言カードを印刷し、生徒に配ります。そして「授業中、何か1つでも英語を言ったら丸を1つ塗ります」と言って「How are you ?」と言うと、「I'm fine.」と生徒から返ってきます。

発言カードがないと
学習成果が見えにくい

発言カードがあると
学習成果が見えやすくなる

「はい、今、I'm fine . とか言った人？（生徒は手を挙げる）One point!
丸を１つ塗ります」と言うと、にたっと笑みを浮かべます。

　「Are you happy?」と尋ねると、今度は元気な声で、「YES!」と言ってき
ます。「One point.」と言います。生徒は嬉しそうです。ただ、教師がいち
いち One point. のように言わなくても、自分で英語を話したと思えば、丸
を塗るようにルールを伝えておきます。

　もちろん、音読やリピートなどは、発言に含めませんし、よい発言には、
Two points. Five points. と、生徒の頑張りを評価します。

✏️ 発言カード導入時の生徒との対話例　－中学１年生－

先生　Hello.

生徒　Hello.

One point! Do you like English?

Yes!!!

Good. One point. What Japanese food do you like?

I like *soba/udon/sushi/tempura.*

Good. Are you happy?

Yes!

Good. One point.

Thank you.

Oh, two points!

5 簡単な質問には、「すらすら」答えられる力をつける

✏ 対話実現のための基礎学力をつけさせよう

　以前、中学２年生の２学期に、「将来の夢」をテーマにスピーチを行いました。ある女の子は、本当にその子の人柄が表れたスピーチをしました。

　スピーチ自体は簡単なもので10行ほどのものになります。

　スピーチを終えた数日後の授業で、その女の子に、When is your birthday? と尋ねました。今でこそ、小学校で英語を学んできていますので、すらすらと自分の誕生日は言えるかと思いますが、当時、その女の子は答えられなかったのです。そのときに思いました。

　「あんなに立派にスピーチができた子が、こんな簡単な質問に答えられないようじゃ、実践的コミュニケーション能力なんて言っていられないな」

　「簡単な質問の100個程度には、答えられるだけの力をまずはつけよう」

　そう思って始めたのが、「すらすら英会話」です。

（参考）『５分間トレーニングで英語力がぐんぐんアップ！　中学生のためのすらすら英会話100』（瀧沢広人、明治図書）

ペアになって話す　　　ペアが入れ替わる　　　実際に使う場面を設ける

✏ 授業の準備運動が必要

音楽でも体育でも部活動でも、準備運動ってしますよね。英語も実技教科ですから、準備運動があってもいいのではないでしょうか。

また、部活動の練習をよくよく見ると毎回最初に、同じメニューをこなし、そして、本格的な練習に入っていきます。それと同じように、英語の授業でも最初に準備運動が必要なのではないでしょうか。それが「すらすら英会話」だったのです。ただし、大事なことは「暗記科目にしない」ということです。「すらすら英会話」をやった後には、必ず使う場面を設けるようにするのです。

✏ 「すらすら英会話」が終わった後の生徒との対話例 －中学2年生－

先生
Do you have any questions for me?

生徒1
What are you going to do this weekend?

I'm going to Disneyland.

生徒たち
Really?

生徒2
Why?

Because my daughter goes to *soroban* school. They are going to Disneyland this Saturday. Children's parent must go with them.

生徒3
How old is your daughter?

She is 10 years old.

6 対話をつなぐ、「ひとくち英語」を指導する

✎ 簡単な質問に答えるだけではダメ！

　詳細は第2章で示しますが、対話を実現させるために必要な技能は「つなぎ言葉（filler）」等を効果的に用いることです。そのための「ひとくち英語」になります。

　たとえば、相手が何か言ったときに、黙っているのではなく、I see. Really? Me too. など、「聞いているよ」という意思表示をします。これらも英語発言カード（本書38頁）では、発言のポイントになります。なので、生徒は教師が何か言うたびに、Really? You are kidding! Pardon? などと反応してきます。

✎ 「ひとくち英語」の「私も」表現に注意！

　「ひとくち英語」でぜひ教えておきたい表現に「私も」があります。このように書くと、「ああ、あのことか」と勘のよい先生方はわかるかと思います。そうなのです。生徒は否定のときも、Me too. と言ってしまうのです。私が、

| あいづちを打つ | 質問する | 繰り返す | 感想を言う |

Oh, I don't like dogs.（犬が好きではありません）と言うと、生徒は Me too.（私も）って、言ってしまいがちなのです。ここを、Me neither.（私も好きでない）と言える生徒を育てたいですね。

また、「ひとくち英語」ではありませんが、私が、You don't like dogs?（犬が好きでないの？）と聞くと、好きでないときに「はい」と Yes. で言ってしまうのです。

✎ 「ひとくち英語」を使った、生徒との対話例　ー中学2年生ー

先生　I eat *natto* every morning.

生徒たち　Really?

先生　Yes. I love *natto*. Do you like *natto*?

生徒1　No, I don't.

You don't like *natto*?

Yes.

Yes? You like *natto*?

No.

I see. You don't like *natto*?

Yes.　???

小学校で習ってくる基本表現を知る

✎ 小学校英語教育の延長上に、中学校英語がある！

　これからの中学校の英語授業は、小学校英語の上に成り立ちます。つまり、中学校教師にとって、小学校英語をよく知る必要が、今まで以上にあるということです。それが生徒との対話の準備となります。

　たとえば、今まで中学2年生で学習していた不定詞の want to の表現は、これからは小学校で習ってきます。そこで、生徒との対話で、What do you want to do this weekend?（今週末、何がしたい？）という英語は既に使うことができるのです。

　中学1年生で will など未来表現は未習で使えない中、want to を使えば、これからのことについて対話が可能になります。

✎ 「聞くこと」や「わからなさ」への耐性がついている

　小学校に英語を導入しての良さは数多くありますが、その1つに、聞くことへの「耐性」や、わからなさへの「耐性」があります。

　以前は、教師が英語で話すと「英語わからん！」と言っていた生徒も、今では、わからないことへの我慢ができ、英語を最後まで聞くことへの耐える力を備えていると考えます。

　そこで、従来は、未習語彙、未習表現はできる限り使用しない方向でした。しかし現在の中学生は、わからなさへの耐性が育っており、推測・予測して、話を聞くことに慣れていると感じます。多少の未習語彙であっても場面があれば生徒は推測できるので、英語での対話はやり易くなったと言えるでしょう。

✏ 小学校で学んだ英語を使って話す対話例　－中学１年生－

先生

> Summer vacation is coming soon. Do you have any plans?

生徒1

> I want to go to the sea!

> Oh! You want to go to the sea. Nice.

生徒2

> I want to eat shaved ice.

> Shaved ice?

> Yes. I like blue Hawaii.

> Oh, I see. You like … shaved …?

> Ice.

> You speak English very well.

小学校で生徒が英語を学ぶ良さと課題

良さ	課題
・聞くことを嫌がらない ・わからない英語を聞いても耐えられる ・口頭で英語使用ができる ・基本的な表現は知っている ・コミュニケーションを楽しむ	・文法は学んでこない ・読み書きはあまりやってこないため、単語や英文の読み書きができない ・流暢ではあるが、正確さに課題

基本的な教室英語は、使い慣れておく！

✐ 教室英語をマスターしておこう！

教室英語（Classroom English）というのがあります。日常生活ではあまり使用しませんが、教室の中で使う英語です。

たとえば、度々授業では使用する Stand up.（立ちなさい）という英語。生徒は小学生のときから何度となく耳にし、深く考えずとも、Stand up. と言われたら、立つでしょう。

このような、授業中によく使う表現を 20 〜 30 英文、決まり文句として、教師はマスターしておく必要があります。

✐ ペアは pair でいいの？

教室英語で留意したい表現に「ペアと話します」があります。Talk with your pair. とは言いません。「ペア」は 2 人でペアですので、日本語で言う「ペア」は、partner になります。よって Talk with your partner. となります。

また、Talk in pairs.（ペアで話します）なら OK です。日本語になって

生徒が立ち上がる教室英語

4 人グループをつくる教室英語

いる外来語は留意する必要があります。A 班も、A group. とは言わず Group A. ですね。このような教室英語は、拙著『3 語で伝わる！ 最強の英語授業』（学陽書房）に、できるだけ短い英語で、生徒と対話するための表現を多々紹介しています。手元に置き、必要に応じ、参照してみてください。

✎ 教室英語を用いた、生徒との対話例 －中学2年生－

先生　Are you finished? Have you made 3-hint game?

生徒　Yes!

Who goes first? Anyone?　（手を挙げ）I do.

Great! OK. Come to the front.

Yes.

Before that, write down your name on top of the paper.

生徒たち　（プリントに名前を書く）

Are you ready to start?

Yes, I am.

OK. Let's listen.

（参考）『3 語で伝わる！最強の英語授業』（瀧沢広人、学陽書房）

対話に必要な技能とは？

1 ▶ 授業の最初

　授業の最初は、帯活動の時間にあて、生徒の力を高めたり、継続させたり、定着させたりする時間としています。私は、この時間を授業の半分とっているときもありました。どうしても生徒に身につけさせたいことがあったのです。「ビンゴ」や「英単語スキル」「25問テスト」「マジカルクイズ」等、毎時間、毎時間、同じような活動を繰り返し行い、生徒の学力向上にねらいをおいていました。それだけの時間が必要だったのです。

　その中に「すらすら英会話」というのがあります。私の指導理念として、誰もが参加できることをいつも掲げていました。いきなり生徒にペアで話をせよ、と言っても話し出せない生徒もいます。それよりなにより、指導したことが積み重ならない生徒もいます。過去のことは忘れてしまうのです。

2 ▶ ペアで行うQA活動

　そこで始めたのが、ペアで行うQA活動です。それも最初は、プリントに書いてあるとおり、やり取りさせます。じゃんけんに勝った人は質問、負けた人は答え、というように役割を決めます。それをペアを替え、4～5回は繰り返します。すると、だんだんと生徒は英文を覚えていきます。そこで、2日目は、じゃんけんに負けた人（答える方）は、プリントを見ないで言うようにさせます。3日目は、じゃんけんに勝った人は、上から順番に質問していくのではなく、ばらばらに質問し、それらの質問に的確に答えられるかを行います。4日目は、答える人は、自分のことで言わせます。ここで、生徒は自分の思いや考えを伝えるということになります（しかし、これは言語活動ではなく練習の範囲内です）。5日目は、じゃんけんに勝った人もプリントを見ずに行います。このように、Small Step な指導で、誰もが参加できるように心がけました。

　本書では、「対話」がテーマです。教師が生徒に語り、生徒が生徒同士、英語で会話します。しかし、対話の基本は、上記のような英会話がすらすらとできるということであるように改めて思えます。教師は生徒に英語で語りかけながらも、どこかで生徒に基本的な英語表現、英語での質問の仕方、会話をつなぐ反応表現などを、繰り返し繰り返し練習させ、その上での「対話」であるように思います。

第**3**章

対話を
継続させる
コツ＆ルール

反応する①
繰り返す

✏️ 「単語」を繰り返す

　対話をつなぐ１つ目のルール＆コツは「繰り返す」です。次のような対話があるとします。

　　生徒1: What food do you like?

　　生徒2: I like *sushi*.

　これで終わってしまったら、何とも物足りないですよね。そこで、まず出発点として、相手の発言を繰り返させます。すると次のようになります。

　　生徒1: What food do you like?

　　生徒2: I like *sushi*.

　　生徒1: *Sushi*?　　✍ 繰り返し

　Sushi？（寿司ですか？）と言われた生徒２さんは、きっと、Yes.（はい）と言うでしょう。このように単語を繰り返すだけでも対話がつながっていくことがわかります。

✏️ 「文」で繰り返す

　今度は、文で繰り返します。

　　生徒1: What food do you like?

　　生徒2: I like *sushi*.

　　生徒1: You like *sushi*?　　✍ 繰り返し

　前述と同様に、生徒２さんは、Yes.（はい）と反応するでしょう。このように相手の発言を繰り返すだけで、対話は継続されていくのがわかります。

　また繰り返しは、相手の発言を確認することにもなります。

✏️ 「繰り返し」を入れた、生徒との対話例 －中学２年生－

先生

What do you like doing?

生徒

I like playing soccer.

Soccer?

Yes.

I like to watch soccer games.

You watch soccer games?

Yes. My favorite soccer team is FC Gifu.

FC Gifu.

Yes. I like the team.

相手の発言を「繰り返す」

I saw a cute dog.

Dog?

A cute dog?

You saw a cute dog?

「単語」で繰り返す 　 「語句」で繰り返す 　 「文」で繰り返す

2

反応する②
あいづちを打つ

✏️ **あいづちで反応する！**

2つ目のルール＆コツは、「あいづち」です。あいづちを打つことで、話を聞いていることを、相手に伝えることができます。代表的なあいづちに、I see.（わかりました）や Me too.（私もです）、Really?（本当なの？）等があります。対話に、あいづちを加えてみましょう。

　生徒1: What food do you like?
　生徒2: I like *sushi*.
　生徒1: *Sushi*?　✒ 繰り返し　　Me too.　✒ あいづち
　生徒2: Really?　✒ あいづち
　生徒1: Yes!

あいづちをいくつか覚えると、こうやって少しずつ、対話が長く続くようになっていきます。

✏️ **あいづち（相槌）とは、鍛冶屋の師匠と弟子が槌を打ち合うこと！**

あいづちの語源は、江戸時代の鍛冶屋にあります。刀を鍛えるとき、師匠に合わせ、弟子がタイミングよく刀を打ち、トントン、トントンと、師匠と弟子が、交互に槌で刀を打っていきます。

このタイミングよく槌を合わせるところから、話し手の調子に合わせて反応することを「あいづち（相槌）」というようになりました。

あいづちは相手の話を受け止め、それに何か意味をプラスして返しながら、テンポよく対話を行うようにすることが、あいづちの役割といえます。

✏️ 「あいづち」を入れた、生徒との対話例 ー中学１年生ー

 先生
How was your weekend?

 生徒
Ken and I went fishing.

Wow! How many fish did you catch?

Ten!

Really? You caught ten fish?

Ken is 17.

Ken caught 17 fish!

Yes.17 fish.

Amazing!

あいづちの役割と表現のいろいろ

Me too. / Me neither.	Uh huh.	Let me see.
同意する	聞いていることを伝える	時間をかせぐ

Really? / Wow! / Amazing!	I see.	What do you mean?
驚きを表す	理解を示す	確認する

3

反応する③
質問する

✏️ 話の内容を深めたり、広げたりする！

　対話をつなぐ３つ目のルール＆コツは、「質問する」です。この「質問する」は、話の内容を深めたり、広げたりする役割を果たします。

　もう少し詳しく話を聞きたいときや、その話から発展してほかの話題に広げたいとき等に、用います。

　　生徒1: What food do you like?

　　生徒2: I like *sushi*.

　　生徒1: *Sushi*? Me too.

　　生徒2: Really?

　　生徒1: Yes!

　　生徒2: What *sushi* do you like?　　☜質問する

　　生徒1: I like tuna and salmon. How about you?　　☜質問する

　　生徒2: Me too. I like tuna and salmon.

　生徒同士の対話がどんどん広がっていきます。

✏️ 質問することは、主体的な態度の表れ！

　「質問する」ということは、相手の話に興味があったり、もっと知りたいと思う気持ちの表れであったりします。

　そこで、生徒同士で対話を行う際、積極的に質問している生徒については、「相手のことを知りたい」「もっと詳しく知りたい」といった主体的にコミュニケーションを図ろうとする気持ちがなくては実現しません。同時にそれ相応の英語力も必要とします。

✏️ 「質問」を取り入れた、生徒同士の対話例 －中学３年生－

生徒１　Do you like Disney?

生徒２　Yes. <u>But why?</u>

Your pencase has Disney characters.

Right. I bought this last week.

It's so cute. <u>Where did you buy it?</u>

At the shopping mall.

<u>How much is it?</u>

It's 1,200 yen.

Wow, I want to buy one.

５Ｗ１Ｈ＋２Ｗで質問する！

┌─ ５Ｗ１Ｈ＋２Ｗ ─┐
What（何）
When（いつ）
Where（どこ）
Who（~ with）（誰）
Why（なぜ）
How（どのように）
＋
Whose（誰の）
Which（どちらの（が））

＋

do you
did you
will you
can you
must you

＋

play
go
study
eat
drink
want
buy

4

反応する④
感想を言う

✎ 自分の思いや感じたことを素直に表現してみよう！

4つ目のルール＆コツは、「感想を言う」です。次のように会話が進み、最後に、「それ、いいね」と感じたことを述べています。

このように、自分の思ったこと、感じたことを素直に表現することで、相手の発言を受け止め、評価を加えることで、会話に弾みがでます。

生徒 1: What food do you like?

生徒 2: I like *sushi*.

生徒 1: *Sushi*? Me too.

生徒 2: Really?

生徒 1: Yes!

生徒 2: What *sushi* do you like?

生徒 1: I like tuna and salmon. How about you?

生徒 2: Me too. I like tuna and salmon.

生徒 1: <u>That's nice.</u>　☜ 感想を言う

✎ 相手に感想を聞く

自分から感想を言うだけでなく、相手にどう思うか尋ねる表現も知っておくとよいでしょう。たとえば、What do you think about this?（このことについてどう思いますか？）や、How was your test?（テストはどうだった？）、また、ずばり、Do you have any comments?（意見ありますか？）と尋ねてしまってもよいでしょう。

✏ 「感想」を取り入れた、生徒同士の対話例　ー中学2年生ー

 生徒1
What will you do this summer?

 生徒2
I want to see fireworks.

Great! Where will you see them?

My family goes to Sumida River every year.
We will go there and see them.

How nice!

Do you have any plans?

Not really. But I will enjoy my summer vacation.

感想を言う表現

褒める　Cool!　Nice!　Wonderful!　Beautiful!
Nice try!　Great.　How beautiful!

認める　I like it.　Good idea!　You did it well.
You did your best!

気持ちを伝える　I had a good time.　It's fun.

評価する　It was good.　Awesome!　Super!　Excellent!

5

対話のルール①
同じ質問を相手に返す

✏ 最初は、簡単にできることで！

　円滑に対話を進めるためには、会話のキャッチボール、つまり、お互いが話せるようにしなくてはいけません。そのためには自分だけが話すのではなく、相手にも話すチャンスを与えなくてはいけません。

　相手に尋ねるのです。

　しかし、質問を考えるのは、かなりの英語力を必要とします。

　そこで、最初は「質問されたら相手にも同じ質問をしよう」とすることで、会話のキャッチボールを可能にします。生徒に伝えたら実際にやってみます。

　　先生：What is your favorite food?

　　生徒1: My favorite food is curry and rice.

　　先生：….

　　生徒1: Ah. <u>What is your favorite food?</u> 　☞ 同じ質問をする

　　先生：My favorite food is natto. I love natto.

✏ 技能を身につけるには、時間がかかる

　「同じ質問を相手にも質問する」ということは簡単なことではありますが、定着には時間がかかります。

　「質問されたら相手にも同じ質問をしよう」というルールが習慣化したり、そのルールを思い出して対話できるようになったりするまでは、生徒の対話を観察しながら、良い面を評価したり、対話の継続ができたかを確認するなど、指導を重ねていきます。

✏️ 同じ質問を相手に返す、生徒同士の対話例 −中学1年生−

 生徒1　Do you have a pet?

 生徒2　Yes, I do.

 What do you have?

 I have a hamster. <u>Do you have a pet?</u>

 Yes. I have two cats.

 Do you have a dog?

 No, I don't. <u>Do you have a dog?</u>

 No. I like small animals.

質問することで、相手に発言の機会を与える！

When is your birthday?

My birthday is January 19th.
When is your birthday?

My birthday is May 3rd.

質問されたら同じ質問をする

6

対話のルール②
答えたら1文足す

✏ 関連する話題をつなげていく

対話を継続させていくためには、話題をつなげていくことが大事です。

たとえば、What did you do last night?（昨夜何をしたの？）と質問され、I watched YouTube.（ユーチューブを見ました）とだけ言って、黙ってしまったら、対話は続きません。

I watched YouTube. と言った後に、何か情報を付け加えたいものです。

そこで、「答えたら1文足す」という対話ルールを教えます。

　　先生：Do you play sport?
　　生徒1：Yes, I do. <u>I play soccer.</u>　☜ 1文足す
　　先生：Are you a good soccer player?
　　生徒1：No, I'm not. <u>Taku is a good soccer player.</u>　☜ 1文足す
　　先生：Really?

✏ QA活動からQAA活動へ

私は「すらすら英会話」という方法で、生徒に簡単な質問には答えられるだけの力をつける指導をしてきました。

その進化技として、「答えたら1文足す」というQAA活動を行ってきました。

黒板に、QAAと書き、「質問されたら答えて、もう1つ何か答えましょう」と言って行わせます。

とくに、be動詞の過去形（was, were）を学習した後には、QAA活動は効果的に行うことができます。

先生 : What time did you go to bed?

生徒 1: I went to bed at 10. I was sleepy. ☜ 1文足す

✏️ 答えたら1文足す、生徒同士の対話例 ー中学2年生ー

 What do you want to be in the future?

 I want to be a music teacher. I like music.
How about you?

 I want to be a train conductor.
My father is a train conductor.

 So you like train.

 Yes. I like riding a train. Do you play music?

 Yes. I play the violin. I play it every day.

1文足すことで、対話が続いていく

Do you cook?

Yes, I do.
I like making curry.
How about you?

I don't like cooking.
I like eating.

答えたら1文足す

7 対話のルール③　自分のことを言って、質問する

✏ 話題を先に提示できる！

対話するときに、質問から始めてもいいのですが、「自分のことを言ってから相手に質問する」ということも教えていきたいです。

先生 : I went to bed at 10 last night.　☞ 自分のことを言う
　　　　What time did you go to bed?

生徒 1: I went to bed at 12.
　　　　I had a lot of things to do last night.

先生 : Really? I had nothing to do last night.　☞ 自分のことを言う
　　　　What did you have to do?

このように、先に自分のことを言ってから相手に質問をすると、どんなことが話題になっているのか、提示することができ、的確な返答を得ることができます。

✏ 先に自分のことを言うことで、欲しい情報に導く！

あるオンラインセミナーで、日本各地からの参加者だったので、Where are you?（どこにいますか？）と尋ねました。すると、I'm at home.（家です）と返ってきました。本来は、「何県（都道府県）に住んでいますか？」と聞きたかったのですが、私の質問がよくなかったのでしょう。

そこで、I'm in Gifu.（私は岐阜にいます）Where are you?（あなたはどこにいますか？）と聞くと、I'm in Fukui.（福井にいます）と返ってきました。

先生
I ate egg, *natto*, salad, rice and miso soup this morning.　What did you eat this morning?

生徒
I ate toast and yogurt.

I always eat rice.
Do you usually eat toast every morning?

Yes. I always eat toast.

You like toast.

Yes.

自分のことを先に言ってから、質問する

I can cook hamburger steak.
What do you cook?

I can cook fried rice.
My fried rice is very delicious.
Do you cook fried rice?

8 対話のルール④ 話題を深め、話題を広げる

✏️ 話題を見つけることも、対話能力のうちの１つ！

　対話活動における生徒の望ましい姿として、「話題を自分で見つけられる生徒」を思い描きます。母語でもそうですが、話をしながら、どんどん話題を広げたり深めたりするのが、上手な生徒がいます。

　対話の継続には、どうしても話題を次の話題につなげ、話題を広げたり、知りたいことを尋ね、話題を深めたりすることが必要となってきます。

　そこで生徒には、「自分で話題を見つけ、自分で話題を広げていきましょう」と伝え、主体的に学習に取り組む態度として、生徒の様子を観察し、評価項目に入れておきます。

　そして、できるだけ沈黙を避けるよう、話題を自分から見つけ、対話を継続させていける力をつけていきたいと考えます。

✏️ 共通点を見つけ、話題を広げる

　話題を深め、広げるときには、その話題に関する質問を相手にしたり、自分でその話題について話をしたりしながら、相手との共通点を見つけたりすると、Right.（そうそう）I like comedies too.（私もお笑いが好きです）Who do you like?（誰が好き？）と、共通の話題だと、対話も弾みます。

　そこで、共通点を探りながら、話題を深め、広げていくことも対話継続の方策になるでしょう。また、共通点が見つかると安心感を抱き、お互いの仲がよくなり、良い関係を築きやすくなります。

　コミュニケーションを学ぶ教科であるからこそ、生徒はお互いを知るチャンスでもあるのです。

✏ 話題を広げ、深める、生徒との対話例　－中学２年生－

生徒１

What do you like to do?

生徒２

I like to listen to music.

Who is your favorite singer?

I like "Mr. Children".

Oh, you like "Mr. Children". Why?

Their songs are really good.

By the way, are you free this Saturday?

This Saturday? Why?

話題を深め、話題を広げる

What did you do last
Sunday?
I went shopping.

気軽な話題で共通点を見つける

Really? Me too.
Where did you go?

共通部分を深める

教室英語（Classroom English）を教える

1 ▶ 教室英語を教える

　教師が生徒に英語で指示します。生徒が理解できないときはどうするとよいでしょうか。もちろん、「同じことを繰り返して言う」「絵に表す」「ジェスチャーを交える」等があると思いますが、その１つに「日本語で補う」というのがあります。

　このときに留意したいのは、日本語で言って終わりにしないことです。

　たとえば、Stand up. と言ってわからなければ、「立ちます」と言ったあとに、もう一度、Stand up. と言うのです。

　なぜなら、日本語で終えてしまうと、最後は日本語が生徒の耳に残ってしまいます。そこで、最後にもう一度英語で言ってあげることで、生徒の耳には英語が残るからです。サンドイッチのように真ん中に日本語をはさむのです。

　　　先生：Stand up.
　　　生徒たち：（立たない）
　　　先生：立ちます。Stand up.

　このように、日本語をはさむことで、英語の意味を理解し、次回以降、生徒は指示の意味を全部理解していなくても、動けるようになっていきます。この繰り返しが、徐々に教室英語として定着していくことにつながるのです。

2 ▶ 気をつけたい教室英語

　教室英語でも、カタカナは気をつけたいです。たとえば、「プリント」という表現があります。英語で「プリント」は、handout、または、worksheet と言います。「１枚ずつプリントを取って、後ろの人に回してください」は、Please take a handout and pass them on. と言えばいいです。複数形は、handouts, worksheets となります。

　「挨拶」は、英語で Greeting と言いますが、これは出会ったときの挨拶になりますので、授業の終わりの挨拶は、Greeting とは言えません。よく教室に、学習手順を示し、終わりの挨拶を Greeting と書いてある場合がありますが、Saying good bye を私は使うようにしています。

対話で導入！
英文法の指導事例

中学1年生編

一般動詞の否定文
「好き？　嫌い？」

　「対話」で英文法を導入しようとします。その際、最も大事なことは、取り上げる話題は、教師が本当に伝えたい話題なのかどうかです。道徳の授業では、教科書にある教材・題材に、心底惚れないとよい授業はできないと言います。英語の授業も同様に、これから語るであろう内容が、本当に教師が伝えたい内容であるかどうかです。

　そこで、言語材料とにらめっこして、その言語材料を導入する際に、どのような話題を用いたらよいか考えます。そして、それを用いて、教師が生徒に語りたいことを考えます。

　一般動詞の否定文の導入では、ドラえもんを題材に３ヒントクイズを行い、I don't like mice. I don't have ears. のようにヒントの中に否定文を入れて導入する方法もあります。

　しかし、ここでは、実際に教師の「好きなもの・好きでないもの」を生徒に伝え、教師にも嫌いなものがあるということを生徒に伝えようと思います。

　まず、I want to tell you what I like and what I dislike.（今日は先生の好き嫌いをみんなに伝えたいと思います）と言って、教師が生徒に話したいことがあるということを伝えます。

　教師が何を話しているかわかった段階で、生徒にも尋ねてみます。このときは、生徒から正確な英語が出てこなくても構いません。

✏ 対話で導入する、生徒との対話例　－一般動詞の否定文－

先生

Today, I want to tell you what I like and what I dislike. Everybody has something they like or they don't like. I don't like *karaoke*. Do you like *karaoke*?

生徒 1

Yes!

生徒 2

No.

I do not like *karaoke*. I don't like to listen to songs. If I go somewhere with my friends, I like talking. How about watching movies? Do you like watching movies?

Yes. I like movies.

No.

I don't like movies. I like watching TV. What do you like and what do you dislike?

I like hamsters. I don't like frogs.

教師自身のことを話題にする！

What do you like and what do you dislike?	Like	Dislike
	Talking Watching TV Summer Going out	Listening to songs Watching movies Winter Staying home

2

Whose
「誰の車ですか？」

🖊 身の回りの話題で、文法を導入する！

Whose（誰の〜）が使われる場面は、持ち主が誰かわからないときに使用します。たとえば、教室にペンが落ちていて、Whose pen is this?（これは誰のペンですか？）と尋ねたり、落とし物箱から消しゴムを出して、Whose eraser is this?（これは誰の消しゴムですか？）と尋ねたりする場面が考えられます。しかし、なかなか教室には、そういう場面や状況をつくることができません。そこで、生徒が知っていそうで知らないもの、車通勤が可能な学校では、許可を得て先生方の車を写真で撮り、Whose car is this? と生徒と対話してみましょう。

🖊 場面や状況から、意味を推測させる！

先生方の車の写真を撮り、印刷し、生徒に見せます。最初は自分の車からです。This is my car.（これは私の車です）と言って、自分の車の写真を見せます。続けて、車の写真を見せ、Whose car is this?（これは誰の車ですか？）と問います。すると、場面や状況から、（「誰の車」って聞いているのだな）と生徒は意味を推測します。そして「佐藤先生の！」と言ってきたら、Yes. It's Mr. Sato's car.（はい。佐藤先生の車です）と言って聞かせます。途中で、What do you think of his car?（車を見てどう思う？）と生徒に尋ねると、It's a nice car.（素敵な車です）や It's big.（大きい）、It is / looks expensive.（高そう）などとやり取りができます。

もし車通勤でない学校は、許可を得ながら、先生方の「湯のみ茶碗」「カバン」「靴」などの写真でやり取りしましょう。

✏ 写真で導入する、生徒との対話例 －Whose －

先生
> This is my car. <u>Whose car is this?</u> Do you know?

生徒1
> 誰のだったけな？／見たことはある…

> You have seen this car.

> 佐藤先生！

> Right. <u>It's Mr. Sato's car.</u>（大きめの声で／ゆっくり言う）
> How about this car?（ほかの車の一部を見せる）

> <u>Maruyama's car.</u>

> Yes. Ms. Maruyama's car. What do you think of her car?

生徒1
> Cute!　
生徒2
> Nice car!

> Yes, her car is a very compact and cute car.

生徒の身近な物を話題にする！

> Whose car is this?

> Whose ___ is this?

How many 「数当てクイズ」

✏ 箱にピンポン玉を入れて、揺らす！

　教室に、箱とピンポン玉（1ダース）を持っていきます。この2つで、生徒と対話しながら、How many（いくつ）の導入を行います。

　箱からピンポン玉を取り出します。このとき、One, two, three…と数を数えながら、出していきます。途中で、箱を揺らしてみます。そして言います。How many balls?（いくつあるかな？）。続けて、数えます。Eight, nine, ten, eleven, twelve. I have 12 balls.（8，9，10，11，12．私は12個ボールを持っています）

　ここからが生徒との対話です。箱にピンポン玉をいくつか入れます。そして、揺らして音を聞かせます。生徒はいくつボールが入っているか推測し、答えます。このとき、生徒との対話ですので、指名していきます。

✏ 動物の写真でHow many legs?

　今度は、動物の写真を見せていきましょう。最初は簡単に答えられるものからいきます。犬の写真を見せて、How many legs?（足はいくつ？）。必要に応じ、生徒を指名します。Four legs.（4本です）。アリの写真を見せて、How may legs?（足はいくつ？）。Six legs.（6本です）。そして、クモの写真を見せて、How many legs?（足はいくつ？）。Eight legs.（8本です）。

　次に、犬、アリ、クモを同時に見せて、How many legs in total?（全部で足は何本？）と尋ねます。生徒を指名しましょう。犬が4本で、アリが6本、クモが8本で、合計18本になります。

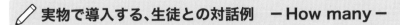
実物で導入する、生徒との対話例　－How many－

先生
（箱を揺らして）How many balls do I have in this box?

生徒1
Three?

生徒2
Five balls?

生徒3
Two balls?

Let's see. One, two…. Twelve balls.

生徒たち
お〜〜。

O.K. I put some balls in this box.（箱を揺らす）How many balls?

生徒4
Oh, difficult. Seven balls?

生徒5
Give me a hint.

（黒板に4、8、12と書く）The answer is 4 balls or 8 or 12.

生徒6
Eight balls.

Let's check. One, two, three, four… eight, nine,….12 balls.

むず〜〜。

考える根拠を与える！

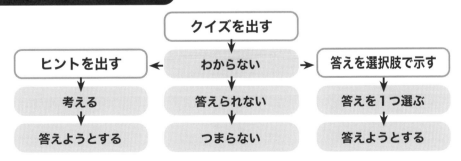

3人称単数現在形 「先生の秘密、大公開！」

✐ 学校の先生の特技等を知ってもらおう！

　知っていることを聞くのは、つまらないです。コミュニケーションの基本は、インフォメーションギャップと伝えたいことがあるかどうかです。ギャップがあっても、そこに伝えたい気持ちがなければ、コミュニケーションではありません。

　3人称単数現在形の導入には、さまざまな入り方がありますが、あまり生徒が知らない先生の秘密を中心に、生徒との対話を楽しみたいと思います。許可を得つつ、先生方から次のような情報を得ておきます。

□専門教科　　　　□特技　　　　　　□好きな食べ物・飲み物
□好きなこと　　　□住んでいるところ　□起床時間・就寝時間
□日課　　　　　　□飼っている動物　　□その他　　　　　　等

✐ 先生の意外な秘密を公開 !?

　3人称単数現在形ですので、先生紹介で使える動詞を考えてみます。まず、先生の紹介ですから、teach（教える）は、使えるでしょう。

　でも、いきなり What does he/she teach?（何を教えていますか？）と尋ねても、生徒の既有の知識であったとしたら、つまらないです。鉛筆を見せて、What's this?（これは何？）と問うようなものです。

　そこで校長先生を登場させ、What subject does he/she teach?（何の教科を教える？）と聞いてみるのはどうでしょうか。校長先生の専門教科を知っている生徒はあまりいないかと思います。だからこそ、He/she teaches math.（数学を教えるんですよ）と伝える意味が生まれてくるのです。

✏️ 第三者を紹介する、生徒との対話例 －3人称単数現在形－

 先生 How much do you know about teachers? Who's this?

 校長先生！

 Yes. She is our principal. What subject does she teach?

 生徒1 え〜。 **生徒2** Music? 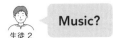 **生徒3** Math? **生徒4** P.E.?

 Listen. <u>She teaches … English!</u>

 生徒たち Wow.

 <u>She speaks English.</u> <u>What musical instrument does she play?</u>

 Guitar. She play the piano.

 <u>She plays the … trumpet.</u>（写真を見せる）

 おお〜〜〜。

生徒の知らない情報を扱う

She teaches English.

Wow!

Nice!

I didn't know that!

現在進行形
「〇〇先生は何しているかな？」

✎ 現在進行形の使われる場面を設定する！

　現在進行形で生徒と対話するのは、非常に場面設定が難しいです。なぜなら、目の前の生徒は、自分たちが今、何をしている（→英語の授業を受けている）のかがわかっていますので、尋ねる必要性がなくなります。

　そこで、〇〇先生は今、何をしているかなと、違う場所にいる先生のことを話題にすれば、対話に現実味が生まれてきます。

✎ 状況に持ち込む！

　ただ、そのまま〇〇先生は何をしているのかな？と尋ねても突発的で、それを尋ねるための場面・状況がありません。そこで、最初は、教師自身の時間割を見せながら、話をします。

先生 : I have four classes today. I taught 1-B on the first period. On the second period, I am teaching you now. I'll teach 1-C on the fourth period. And on the fifth period, I have a class in 1-D.

1 period	1-B
2 period	1-A
3 period	
4 period	1-C
5 period	1-D
6 period	

このように、今日の授業について生徒に話します。そして、ほかの先生の話題に移ります。

先生 : How about Maruyama sensei?　What is she doing?

ここから、生徒との対話に入っていきます。いろいろな先生を話題にした後、ALT が何をしているかを尋ね、その場で電話して、確認しましょう。電話の音声が生徒に聞こえるようにしておくとよいです。

✏️ 実際に使われる場面を想定しての、生徒との対話例　－現在進行形－

 先生
> I'm teaching English to you now.
> What is Ogata sensei doing?

 生徒1
> Teaching!

 生徒2
> I don't know.

> Let's check it out!（と言って時間割を見せる）Wow, she is teaching math at 1-B. How about your ALT, Mr.Flowers?

> Teaching English?

> Drinking coffee?

> Today, he is in the other school, Minami JHS. So I'll call him.
> （電話する。音声が聞こえるようにして話す）
> Hello, this is Hiroto. Are you teaching now?

 ALT
> No. I'm in the teaching office. I'm drinking coffee.

> Thanks. Have fun!

> わかった？ What is he doing?

> Drinking coffee.

文法導入アイデアに至る４つのステップ

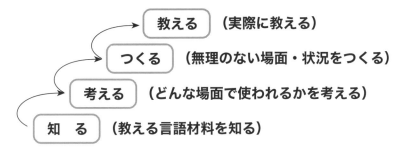

教える　（実際に教える）

つくる　（無理のない場面・状況をつくる）

考える　（どんな場面で使われるかを考える）

知　る　（教える言語材料を知る）

6

一般動詞の過去形「昨日は何時に寝たの？」

✎ 教師の昨夜のことから、対話で生徒の発話を引き出す！

　みなさんは夜、何時頃、寝ますか。私は大抵毎晩早くて、9時頃には寝てしまいます。そんなことを教室で話題にすると、「え〜」と驚かれます。

　ときには、やらなくてはいけない仕事があっても、夜8時頃には眠くなり、眠い中での仕事は効率がよくないので、布団に行って横になると、すぐに熟睡しまうこともあります。

　そんな教師の日常の出来事を話題に、寝た時刻や起きた時刻などを生徒と話題にしながら、本当のことを英語で生徒に伝え、生徒との対話を行い、生徒からの言語活動を促します。

✎ 言語活動を通じ、だんだんと正しい英文に！

　未習表現を用いて対話を行うと、ほとんどの生徒は、文法的に誤りのある表現を用いたり、単語で答えたりします。

　そこで、たとえば、教師が、意図的に寝た時刻（I went to bed at ….）や、起きた時刻（I got up at ….）を生徒に何度も言い聞かせ、また、生徒の発話をリキャスト（コミュニケーションは阻害せず、正しい言い方で言い直す）するなどし、生徒から正しい表現が出てくるのを待ちます。

　1人が言えると、ほかの生徒も言えてくるようになります。

　大方、言えることが確認できた段階で、本時の文法事項（一般動詞の過去形）の解説を行い、その他の動詞（ate/watched/studied/played/read 等）でも、生徒との対話を通じ、過去形を用いて、昨日の出来事を生徒に語らせていきます。

先生

I usually go to bed at 9, but last night, I was too sleepy. I went to bed at 8:30. What time did you go to bed last night?

生徒1

I go to bed at … 11.

You <u>WENT</u> to bed at 11.

Yes. I went to bed at 11.

How about you, Taku? What time did you go to bed?

生徒2

I went to bed at 12.

I had a lot of things to do last night, but I was too sleepy so I got up at 4 this morning. What time did you get up this morning?

I got up at 6.

従来の英語学習

新文法を導入する　【導入】
↓
口頭練習をする　【練習】
↓
考えや気持ちを伝える　【言語活動】
↓
文法の理解と整理　【まとめ】

これからの英語学習

【導入】　新文法を導入する
↓
【言語活動】　考えや気持ちを伝える
↓
【（練習）】　足りなければ練習する
↓
【言語活動】　考えや気持ちを伝える
↓
【まとめ】　文法の理解と整理

be 動詞の過去形
「昔はどうだった？」

✎ 過去形を使って、ドラえもんの今と昔を尋ねる

　What color is *Doraemon*?（ドラえもんは何色？）と尋ねると、It's blue.（青です）と答えが返ってくるでしょう。でも、昔は何色だったのでしょうか。そうです。黄色です。

　最初に What do you know about *Doraemon*?（ドラえもんについて何を知っている？）と尋ね、既習事項を活用させながら、He has a pocket.（ポケットがあります）、He can fly.（飛ぶことができます）、His birthday is September 3rd.（誕生日は9月3日です）のように出させたあと、*Doraemon* is blue now. What color was *Doraemon* long ago?（ドラえもんは今は青だけど、昔は何色だった？）と聞き、It was yellow.（黄色だったんだよ）と導入で話をします。

✎ be 動詞の過去形が使われる場面・表現！

　be 動詞の過去形が使われる場面には、過去の話をしていて、「どうだった？」と尋ね、答える場面があります。それに対して、It was fun.（楽しかった）、It was boring.（つまらなかった）、It was delicious.（美味しかった）と、感情や気持ちを伝える場合や、It was big.（大きかった）や、It was crowded.（混んでいました）のように、その状況を伝える場合があります。

　また、I（私）を主語にして、I was excited.（興奮しました）や、I was busy.（忙しかった）、I was bored.（退屈だった）など、感情や気持ちを伝えることもあります。留意点は、そのもの自体が退屈なものであれば、It was boring. となり、自分が退屈を感じたならば、I was bored. と形容詞が異なる点です。

✏️ 「ドラえもん」で文法を導入する、生徒との対話例　－be動詞の過去形－

先生

生徒1 **What do you know about *Doraemon*?**

生徒1 ***Doraemon* doesn't like mice.**　生徒2 **He has a pocket.**

生徒3 **He can fly.**

生徒4 **His birthday is September 3rd.**

 Good. You know about *Doraemon* very much. What color is it?

 It's blue.

 But look. （昔のドラえもんの絵を見せる）***Doraemon* was yellow.**

生徒5 **そうなんだよ。ネズミにかじられてショックで青くなったんだよ。**

 Can you say that in English?

「へぇ～」と思わせる導入

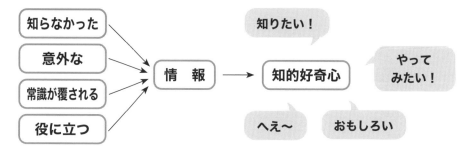

8

過去進行形「昨日の夜、何してた？」

✏️ 過去進行形は、過去のある時点のこと

日本語では、「昨日の夜、何してた？」と聞くことがありますが、英語にすると、What did you do last night? です。これを、*What were you doing last night? と言ってしまうと、不自然な英語になります。過去進行形はあくまでも、過去のある時点のことを言うときに使います。

そこで、What were you doing when I called you last night?（昨夜私が電話したとき、何してたの？）のように、昨夜のことでも、いつの時点のことかを明示する必要があります。

✏️ 基本は、Teacher's Talk から始めること！

新しい文法事項を導入する際、インプットがなければ、アウトプットはあり得ません。そこで、教師がまず、自分のことを例にあげて、新文法を用いた英語で、生徒に語ります。私はその時間を Teacher's Talk と呼んでいます。その Teacher's Talk の中で、新しい英文を次々と聞かせ、そして生徒に尋ねるのです。

What were you doing at 7 last night?（昨夜 7 時は何してた？）

すると生徒は当事者意識を持ち、何をしていたか思い出そうとします。そして、Eating dinner. と不完全な文で言ってきたら、Oh, you were eating dinner.（あなたは夕飯食べていたの）I was eating dinner too.（私も食べていました）と、Recast（リキャスト）しながら、正式な文を提示します。この繰り返しで、生徒から目標とする文が出てくるのを待ちます。

✏️ 昨日の夜の話題で行う、生徒との対話例　ー過去進行形ー

 先生
> Yesterday I was tired. I went to bed at 9 and I slept.

 生徒 1
> Really?

 生徒 2
> 俺、夕飯食べてなかった

 先生
> What were you doing at 9 last night?
> I was sleeping at 9.

 生徒 3
> I was *juku*.

 先生
> You were AT *juku*. What were you studying?

 生徒 3
> I studying math.

 先生
> You were studying math. I WAS sleeping at 9.
> How about you?

 生徒 4
> I was watching YouTube.

 先生
> Oh, you were watching YouTube. I WAS sleeping.

目標文導入時におけるTeacher's Talk の４つの役割

①目標文を聞かせる

先生：I was making dinner.

→

②目標文への気づきを生ませる

先生：I WAS making dinner.

↓

④生徒の理解度を確認する

生徒１：I taking a bath.
先生：You were taking a bath.

←

③生徒に発話を促す

先生：How about you?

「目的や場面、状況」の設定①

1 ▶ 課題設定をしよう

　学習指導要領（平成29年告示）では、言語活動を行う際、コミュニケーションを行う「目的や場面、状況」を設定することが大事とされます。では、どのように設定したらいいのでしょうか。私がよく例にあげるのは次のような課題です。

> 課題　あなたが行ったことのある場所を例にならって書きましょう。
> 　例) I went to Kamikochi. The nature was really beautiful.

　これでは単なる〈練習〉です。ここに「目的や場面、状況」を入れます。まずは簡単な場面・目的から考えます。たとえば、次のようにするのです。

> 新しく来たALTがゴールデンウィークにどこかに行きたいと言っています。　場面
> そこで、あなたが行ったことのある場所でよかった所を紹介してあげてください。　目的

2 ▶ 状況を付け足すとどうなる？

　ここまでだと、I climbed Mt. Kinka. The view was beautiful.（私は金華山に登りました。景色は美しかったです）という英文を書いたりします。そこで、状況を付け足します。

> ALTには5歳と3歳の男の子がいます。　状況

　このようにするとどうでしょうか。おそらく、金華山に登る案は、紹介しないでしょう。たとえば、I went to Gifu Family Park. It was large.（岐阜ファミリーパークに行きました。広かったです）というように、子どもがいるという前提で、おすすめの場所を紹介するかもしれません。このように「相手を誰にするか」というのは、目的や場面、状況設定に必要な視点となります。

第5章

対話で導入！
英文法の指導事例

中学2年生編

未来形
「今夜は何を見る？」

✎ 同じ未来でも、表現の仕方が違う！

　未来の表現の仕方には３つあります。１つ目は will で、２つ目は be going to、３つ目は進行形を用いての近接未来、この３つになります。それぞれの違いは、次のようになります。

> ① will……その場での「思い付き」や、強い「意志」
> ② be going to……前もって考えていたことの「あらかじめの予定」
> ③進行形……今、まさにしつつある状態の「進行中の予定」

　また、will は、その場での思い付きの場合、I'll と短縮形が使われることが多く、強い意志を示すときには、I will と分けて言うことが多いです。
　進行形を用いて近接未来を表す場合は、I'm coming.（行きます）のように、すでに行く段取りができていて、すぐ行きますというようなときや、The train is arriving.（電車が来ます）のように、まさに向かっていて、そろそろ到着するというような場面で使われます。

✎ 身近な話題：「今夜、テレビ何見る？」

　テレビ番組表を用いて、教師が今夜見るテレビを生徒に伝えます。そのときに、その場でとっさに、「あっ！　これ見よう！」となれば、I'll watch…. となりますし、「絶対にこれを見る」というような場合は、I will watch …. となるでしょう。確実に見る予定なら、I'm going to watch …. ですね。

✐ 「テレビ番組」で導入する、生徒との対話例　ー未来形ー

 先生
> Today is Wednesday. I have a TV program. Today we have "ユニコーンに乗って." Do you watch the drama?

 生徒1
> Yes!

 生徒2
> No.

> I will watch it tonight. I like this drama. <u>What will you watch?</u>

> YouTube.

 生徒3
> No. I don't watch TV.

> What will you watch?

 生徒4
> I watch a baseball game.

> Oh, you <u>WILL</u> watch a baseball game. I <u>WILL</u> watch "ユニコーンに乗って." What will you watch?

> I watch YouTube.

> Oh, you <u>WILL</u> watch YouTube.

未来を表す4つの表現

じゃあ、こうしよう！ I'll study English today. その場での「思い付き」	今日こそは！ I will study English today. 強い「意志」
勉強計画に基づき I'm going to study English today. あらかじめの予定	行く段取り完了！ I'm visiting Hokkaido tomorrow. 準備が整っている・進行中の予定

比較級
「おもしろい芸人は誰？」

✐ もっと生徒に近い話題はないか？

かつては、「松井秀樹とイチロー、どっちが若い？」の話題で、Who is younger, Matsui Hideki or Ichiro? と生徒に投げかけてみたり、SMAP のメンバーで背比べをし、Who is the tallest of the five? と尋ねたりしながら、比較級の導入としていました。

しかし、それらの話題は、よくよく考えてみると、生徒自身のことでなく、また生徒の身の回りのことからも離れています。

確かに、Matsui is younger than Ichiro.（松井はイチローよりも若い）や、Katori Shingo is the tallest of the five.（香取慎吾は、5人の中で一番背が高い）と答えるのは、生徒が考え、そう思ったことですが、それは他人の情報です。生徒自身のことではありません。

✐ 生徒がおもしろいと思う芸人を！

生徒に自分の考えや気持ちを伝えさせるためには、生徒の考えや気持ちを引き出すような質問でなければいけません。

たとえば、今は芸人ブームです。教師が知らない芸人を、生徒は多く知っています。また、人によっておもしろい芸人は異なります。

そこで、M-1グランプリやR-1グランプリで最終まで残った芸人などを話題に、生徒の好きな芸人をあげさせます。その後、Who is the funniest comedian?（一番おもしろい芸人は誰？）と尋ねます。きっと複数あがるでしょう。私は、ナイツやミルクボーイ、ミキ、NON STYLE などでしょうか。

✏️ 「芸人」で導入する、生徒との対話例 －比較級－

 先生
Who is your favorite comedian?

 生徒1
EXIT.

 生徒2
ゆりやんレトリィバァ.

 生徒3
中川家.

There are many funny comedians.
Who is the funniest comedian?

ジャルジャル.

ジャルジャル is the funniest. How about you?

東京 03.

You think 東京 03 is the funniest. I think 東京 03 is funny, but ナイツ is the funniest. Their talk is very funny. I like their comedies.
Who is funnier, マジカルラブリー or EXIT?

EXIT.

マジカルラブリー.

生徒自身の考えや思いを伝えさせる！

言語活動

レベル4 「目的や場面、状況」の中、考えや気持ちを伝える
例) I went to the restaurant. It was good!

レベル3 答えのないものを答える
例) What is the most interesting subject?

レベル2 答えがあるものを答える
例) What color is used in the Japanese flag?

練習 レベル1 言語材料が指定され、考えや思いを伝える
例) Where do you want to go?

助動詞 must
「学校の決まり」

✎ 「内発的な動機」によるものと「外発的な動機」によるもの！

「〜しなければいけない」という英語には、must と have to があります。両者の違いは、発話者の気持ちによります。

must は、何が何でもやらなくてはいけないような強い意志が、発話者に感じられます。I must finish it.（終わらせなければいけない）には、何が何でも、自分の意志で、終わらせようという気持ちが見えます。

一方、have to は、周りに言われたからやるといった場合や、周りの環境から、そうするほうがいいと思うときなどで使われます。I have to finish it.（終わらせなければいけない）といった場合は、あまりやりたくないけれど、やらなくちゃ先に進まない、などのやや消極的な意味合いが感じられます。前者は内発的な強い動機、後者は外発的な弱い動機と言い換えてもよいでしょう。

✎ 信号機の交通ルールで、must の導入！

赤信号の写真を見せて、When we see the red signal, we …（赤信号を見たら、、、）と途中で止めて言います。すると、生徒から、stop!（止まる）と言ってきます。そこで、Yes! We must stop. と言い、must を導入します。

その後、青信号では、We can go.（行くことができる）、黄色信号では、実は道路交通法施行令第2条により、「黄色は止まる」ですので、When we see the yellow signal, we must stop. と must を出します。その後、「学校にはどんなルールがあるか」と尋ね、学校のルールを must, must not を使って表現させます。

✎ 実物で導入する、生徒との対話例　－助動詞 must －

先生
> must は、「～しなければならない」、must not は「～してはいけない」という意味です。では、What rules do we have in this school?

生徒1
> Not bring 携帯！

> Right. We must not bring a mobile phone. What else?

生徒2
> We must come to school by 8:20.

> Good. Anything?

生徒3
> We must wear a school uniform.

> Great!

生徒4
> We must wear a helmet when we ride a bicycle.

> Right. We have many school rules to spend a good school life.

「～しなければいけない」のイメージ

have to

自分の意志

must

弱い
（外発的）

強い
（内発的）

There is/are
「先生の町 vs 生徒の町」

✏ お互いの町を自慢する！

　教師が住んでいる町を生徒に紹介します。そして「先生の町にはこんなものがあるけれど、みんなの町には何があるの？」と比較していきます。そして「理想の町はどんな町」の活動につなげていきます。もし、ALT がいれば、最初に ALT のホームタウンと、教師の住んでいる町とを比較してみるものよいでしょう。

　　　先生：Look at my town. There are mountains and rivers in my town. We have a lot of nature. There are many wild animals too.

　　　ALT：In my hometown, there are wild elk. Elk are a kind of deer. They are about 3 meters. There are eagles too. They are also big.

　　　先生：In my town, there are convenience stores. We have 3!

✏ There is/are が使われる質問

　There is/are を学習したら、There is/are が使われる場面をつくります。例えば Why do you call "Shikoku"? おそらく４つの県があるからと答えるでしょう。ここで、Because there are four prefectures in "Shikoku." と There are を使わせることができます。そして、私の住む町には、両神山があります。なんで両神山って呼ぶのでしょう。Because there are two gods in the mountain. 羊山があります。なんで羊山って呼ぶのでしょう。Because there are sheep in the mountain. このように地名について尋ねると、There is/are を使わせることができます。

✏️ 地元の特色を話題にした対話例 －There is/are－

先生 | Please tell me about your city.

生徒1 | There …

Yes, there is/are …

There are shopping mall in my town.

One? or two?

One.

So there IS A big shopping mall.

There is a…shopping mall.

Good! In my town, there is no shopping mall.

There are wild animals in my town.

教師の町

There are elk in my town.

ALT の先生の町

There is a big shopping mall in my city.

生徒の町

接続詞の when
「先生の小さいころの夢」

✐ 目標文が使われる自然な場面を設定し、対話につなげる！

接続詞の when を使って生徒と対話する際、それが自然な形で使用され、かつ、その後の生徒との対話でもそのまま使えるものはないかと考えます。

そこで、小学校での定番の基本表現の What do you want to be?（何になりたいの？）の導入場面を思い立ちました。

小学校の先生は、表現を導入する際、度々、教師の小さいころの夢を話すことがあります。「先生が小さかったときは、美容師になりたかったんだ」(When I was a little kid, I wanted to be a beautician.) のように、過去を振り返って話をします。まさに、この導入が中学校で接続詞の when を学習するときに使えるのではないかと考えます。

✐ 写真とともに教師の幼いころの夢を語る！

教師の幼いころの写真を見せ、生徒に語ります。

先生：Look at this picture. This is me. I was 5 years old. When I was 5 years old, my dream was to be a baker. I wanted to be a baker. This is me when I was 11 years old. My dream was to be a train conductor. I wanted to be a train conductor. When I was a junior high school student, I wanted to be an English teacher. When you were little, what did you want to be?

このように、教師の小さいころの夢を語った後、「みんなはどんな夢を持っていた？」と尋ねていくのです。

✏️ 小さいころの夢を語る、生徒との対話例 －接続詞 の when－

先生 When you were little, what did you want to be?

生徒 1 I want…ed a bus driver.

When you were little, you wanted to be a bus driver. How about you? When I was little …?

生徒 2 When I was little, I wanted to be a nurse.

Nurse? What do you want to be now?

生徒 2 I want to be a nurse too.

Nice! When you were little, what did you want to be?

生徒 3 When I was little, I wanted to be a police officer.

さまざまな導入アイデアから、最良のものを絞り込む！

アイデア① When you see in the morning, what do you say?
☞ **発展性がない** ✕

アイデア② When I got home, my wife was cooking.
☞ **生徒から距離がある話題** ✕

アイデア③ When it is sunny, what do you do?
☞ **問う必然性がわからない** ✕

アイデア④ When I was little, I wanted to be a baker.
☞ **これなら生徒も使える！** ◯

不定詞の副詞的用法
「なんで？と問う」

✏️ 週末に行ったところは？から対話をスタートする

対話で生徒とやり取りします。まずは、「週末はどこに行った？」(Where did you go last weekend?)からスタートします。

生徒は答えます。I went to the shopping mall.（ショッピングモールに行きました）そして、生徒の名前と言った場所を黒板に書きます。同様に、数名に尋ねます。板書は次のようになります。

Natsumi —— Shopping mall

Kazu —— Sendai

Yuki —— library

Maiko —— river

✏️ なんで行ったの？と理由を尋ねる

今度は、行った理由を尋ねていきます。Natsumi, why did you go to the shopping mall?（なつみさん、なんでショッピングモールに行ったの？）すると、I bought some clothes.（服を買った）などと答えます。そこで、Oh, TO BUY some clothes.（服を買いに行ったんだね）と、不定詞の部分だけ言って板書します。

同様に、Mami, why did you go to Tokyo?（なんで東京に行ったの？）と尋ねると、To see my grand parents.（祖父母に会いに）などと返ってきます。

✏️ 実体験を用いる、生徒との対話例　－不定詞の副詞的用法－

 先生
Yuki? You went to the library. Who did you go with?

 生徒1
With my father.

With your father. Why did you go to the library?

To 借りる ,,,　（先生：borrow）　　To borrow books.

Oh, nice.　Do you like reading?

Yes.

How many books did you borrow?

Five books.

Five books? Please tell me one of the titles of books.

" ひとめあなたに "

難しいことを易しく伝える！

I went to the library.

＋

To borrow some books.

＝

I went to the library to borrow some books.

既習事項　　　今日の文法事項　　　合　体

7

不定詞の名詞的用法
「暇なとき、何するのが好き？」

✎ 英語学習は、既習事項の積み重ね！

　算数・数学の指導理念は、「習ったことを土台に、新しい課題について考える」です。つまり、既習事項をあれやこれや活用しながら課題を解いていく中で、「もっとよい方法はないかな」と発展させていきます。

　それと同様に、英語の授業でも、既習事項を積み重ねていきながら、だんだんと英語表現の幅が広がっていくように指導したいものです。すると、既習事項も定着につながっていくことと思います。

✎ (接続詞when)を用い、不定詞 (名詞的用法)を導入

教師の好きなことを話していきます。

先生： Today, we are going to talk about what we like to do. What do you like to do? What is your favorite thing to do? For me, look at this picture. （本棚の写真） I like reading. When I am free, I like to read books. Do you like to read books?

生徒たち： Yes./ No.

先生： Look. I like to take care of vegetables too. （野菜畑の写真） When I have free time, I like going to my vegetable farm and take care of them. Do you like to take care of plants?

生徒たち： Yes./ No.

先生： Lastly, look at the picture. （旅行の写真） I like to travel. When I have time, I like to drive a car and go out.

✏️ 文法を導入する、生徒との対話例　ー不定詞の名詞的用法ー

 先生
> What do you like to do when you have time?

 生徒 1
> I like soccer.

> Oh, you like TO PLAY soccer.

> Yes, I like to play soccer.

> How about you? What do you like to do when you are free?

 生徒 2
> When… I am free, I like to watch YouTube.

> You like to watch YouTube. Do you watch YouTube every day?

> Yes. About two hours.

> Wow, do you study every day?

> Yes, I do.

既習事項を積み重ねていく！

受身形
「何色が使われている？」

✏ 国旗で導入

　生徒は、小学校のときの英語の授業で、国旗について、かなり多くの機会で、目にしているかと思います。そこで、国旗を次々に見せ、どこの国の国旗かを当てさせていきます。

　　先生 : What country is this?（イタリアの国旗を見せる）

　　生徒たち : Italy.

　　先生 : Good, How about this?（フランスの国旗を見せる）

　　生徒たち : France.

　　先生 : Great. Do you know what country this is?

　　　　　　（エジプトの国旗を見せる）

　　生徒たち : Egypt.

このように、テンポよく国旗を見せていきます。

✏ 何色が使われている？

その後、モノクロの国旗を見せて言います。

　　先生 : This is an Italian flag. What colors are used in this flag?

　　生徒たち : Green…, red…, and… white.

　　先生 : Right. Look. Green, white and red are used. How about French flag? What colors are used?

　　生徒たち : White, red and blue.

　　先生 : Nice! White, red and blue are used. How about Chinese flag?

　　生徒たち : Red and yellow.

先生：Red and yellow are used.
モノクロの国旗は、塗り絵用の国旗を用いるとよいです。

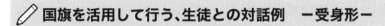
✎ 国旗を活用して行う、生徒との対話例　－受身形－

先生
What country is this?（モノクロの中国の国旗を見せる）

生徒
China!

Good! What colors are used in this flag?

Red and …yellow?

Right. Red and yellow are used in this flag. How about this?（モノクロのニュージーランドの国旗を見せる）

Australia? / New Zealand?

How many stars are there in this flag?

There are four stars.

This is New Zealand's flag. What colors are used?

意外性がある

What color?

誰もが参加できる

興味を示す

おもしろい

「目的や場面、状況」の設定②

1 ▶ 教室自体が「目的や場面、状況」になっていること

　目的や場面、状況の設定には、相手が必要です。いわゆる相手意識、他者意識です。誰に向けて言語を発するのか、相手が重要となります。教室で対話しているときの相手は、生徒から見ると教師です。教師に向かって対話します。

　なので、教室内での意味ある対話には、自然と目的や場面、状況ができあがっています。教室が目的や場面、状況の場となるのです。

2 ▶ 相手は誰にするか？

　教師が生徒に投げかける場合で、本当に伝えたいことがある対話、生徒に尋ねたいことがある対話では、必然的に、対話の場面・状況がうまれます。しかし、場面・状況がない場合、意図的に場面・状況をつくります。最も簡単なのは、対話の相手を ALT にすることです。たとえば、ALT が何か悩んでいるとします。

　　JTE: Hi, Mike. You don't look happy. What's up?

　　ALT: My parents will come to Japan this summer. I want to make some Japanese dishes. I don't know what to cook.

　　JTE: だって！（生徒に向けて言う）He wants to know how to cook Japanese food and cook for his parents this summer.

　　ALT: Can you tell me some Japanese food?

　このように、ALT が生徒に投げかけるようにします。でも、いつもコミュニケーションの相手が ALT ばかりだと、生徒は「またか、、、？」となります。

　さらに、本当のシチュエーションでないと、生徒は嘘を見破ります。「うちの学校の姉妹校から、、、」「え？姉妹校ってあったの？」となっては、好ましくありません。

　そこで手間がかかっても、海外にバディーをつくり、その学校から実際にビデオレターを送ってもらい、その中で生徒に何か要求する文面を入れてもらうとかオンラインで海外の生徒と本当に会話するとか、ALT の友達からのビデオメッセージを見せるとか、何らかの相手意識を持たせた言語活動を工夫したいです。

第6章

対話で導入！
英文法の指導事例

中学3年生編

1

現在完了（継続）
「５年間住んでいる」

✏️ 現在完了（継続）と現在完了進行形！

　平成 29 年告示の学習指導要領より、中学校外国語で「現在完了進行形」を学習するようになりました。

　「現在完了進行形」というくらいですので、進行形になる動作動詞が用いられます。

　一方、「現在完了の継続用法」では、状態動詞が主に使用されます。

　ともに、ある一定期間に継続して起こっていること、そして現在も起こっているときに使用します。

　主な状態動詞には、次のようなものがあります。

---

① live（住んでいる）② like（好きである）　③ want（欲している）

④ be（いる、ある）　⑤ know（知っている）　⑥ hope（望んでいる）

⑦ love（愛している）⑧ believe（信じている）⑨ remember（覚えている）

✏️ 私の引越歴　― Mr. Takizawa's Story ―

　その後の生徒の言語活動を考えた場合、live（住んでいる）から導入し、生徒にも「○○年間、住んでいます」の形で使わせたいと思います。そこで、まずは、教師ヒストリーを語り、現在のことにつなげていきます。

　筆者は、東京都に生まれ、22 歳で埼玉県で教員として働き始め、31 歳のときにベトナムに行き、34 歳のときに日本に戻り、52 歳のときに岐阜に移動し、現在に至ります。なので、I have lived in Gifu since 2018. となります。

Today, I'll tell you about my history. I was born and raised in Higashiyamato, Tokyo. When I was 22 years old, I moved to Chichibu, Saitama. I started teaching English at junior high school. When I was 31 years old, I went to Vietnam as a teacher of Japanese School.　I came back to Chichibu, Saitama when I was 34 years old. When I was 52 years old, I moved to Gifu and now I live in Gifu. So, I have lived in Gifu for 5 years. How long have you lived in Gifu?

生まれてからだから…

Since you were born. How old are you?

I'm 14 years old.

So you have lived in Gifu for 14 years.

言語活動で使用したい４つの状態動詞

How long have you lived in this city?

【live】

What do you want now?
How long have you wanted?

【want】

How long have you been a fan of 〜 ?

【be】

What do you like to do?
How long have you liked 〜 ing?

【like】

2

現在完了進行形
「野菜作り 20 年！」

✏ 教師の「本当の姿」を伝える！

英語の授業はコミュニケーションです。そこには本物が必要です。教師の本当の姿、本当のことを語ります。また、その話題を探します。それが教材研究の 1 つと言えます。

現在完了進行形は、過去のある時点から始めて、今も継続してやっていることを言います。そこで、教師自身の生活の中で、何か継続して今もやっていることを探します。私の場合、野菜作りがそれに当てはまります。

自宅の前の畑を借りて、じゃがいも、さといも、白菜、長ねぎ、玉ねぎ、にんにく、きゅうり、なす、トマト、ゴーヤ、いんげん、大根、キャベツなど、趣味でいろいろ育てています。

✏ 「長くやっていること」を伝える！

写真を見せながら、野菜作りについて生徒に語ります。じっくりじっくり語り、最後に本時の目標文を提示します。

　　先生：What do you like to do in your free time? In my free time, I like to take care of my vegetables. I like growing vegetables and eating them. Look at these photos. They are cabbages, corn, eggplants, cucumbers and a watermelon. I like taking care of vegetables. I started farming when I was 35 years old, so I have been growing vegetables for more than 20 years.

このように言って、I have been ～ ing を、視覚情報で提示します。

✏️ 「特技」を話題に、生徒との対話例　－現在完了進行形－

 What do you like to do?　　I like playing *judo*.

 How long have you been playing *judo*?

 小学校 3 年生から。

 since I was in the third grade.（板書する）

 I have been playing *judo* since I was in the third grade.

 Good. What do you like?

 I like playing the piano.

 How long have you playing the piano?

 I have been playing the piano since I was three years old.

現在完了進行形で、対話が可能な動詞

I have been playing …
for … years.

【play】

I have been using this cap
since I was four.

【use】

I have been studying
English for 7 years.

【study】

I have been collecting
cards since last year.

【collect】

3

現在完了（経験）
「行ったことのある場所」

現在完了の経験用法では、eat（食べたことがある）、see（見たことがある）、visit（行ったことがある）、drink（飲んだことがある）等で、実際に英語を使用して、自分の考えや気持ちを伝え合うことができます。

タイムリーに流れ星が見られたら、I saw a shooting star last night.（昨夜、流れ星を見たんだ）、Have you ever seen a shooting star?（流れ星を見たことがある？）と、生徒に語り掛けることができますが、現在完了（経験用法）の導入時に、そのような絶妙なタイミングはなかなかありません。

でも、いろいろ考えた末、生徒に語り掛け、言語活動を通して「〜したことがある」というのを導入することを考えると、私の場合、やはり「流れ星」になってしまいました。

✎ 流れ星を見たことがありますか、で語る

私が最初に流れ星を見たのは大学生のときで、車を運転していたら、たまたま目の前に縦に１本、流れるような光を見て、「あっ、流れ星だ」と思ったら、あっという間に消えてしまいました。

本当にあっという間だったのです。流れ星が消えないうちに３回願い事を唱えると叶うと昔から言われていますが、なかなか難しいことです。

それ以降も、数回程度、今年も車の運転中、夕方ですが山梨県で見ました。こんな内容であったら、生徒に語れそうです。

先生

When I was a university student, I saw a shooting star for the first time in my life. When I was driving home from university, one light was going down in front of me! I didn't know what that was at first, but soon after this I found that it was a shooting star.When we see a shooting star, what do we do?

生徒 1

願う。／ Wish.

That's right. We must wish 3 times before the shooting star disappears. <u>Have you ever seen a shooting star?</u>

Yes

生徒 2

Money. Money. Money.

（笑う）

現在完了（経験）で、対話が可能な動詞

Have you ever eaten *yakitori* ?

【eat】

I have visited Korea four times.

【visit】

Have you ever seen Mt.Fuji in person?

【see】

I have tried riding a unicycle many times.

【try】

4

call A + B
「ピカソと呼ぶ」

✎ ピカソの本名は、よい話材になる

「～を、、、と呼ぶ」という表現は、第5文型に当たり、SVOCとなります。使う動詞には、代表的なものとして、call（呼ぶ）とname（名づける）があります。

かつては、導入アイデアとして、佐々木主浩投手をあげて、We call him Daimajin.（私たちは彼のことを大魔神と呼ぶ）や、斎藤佑樹投手を取り上げ、We call him ハンカチ王子.（私たちは彼をハンカチ王子と呼ぶ）等を使っていましたが、時代と共に、話題は変化せざるを得ません。

そんな中、いつの時代でも使える話材に、画家ピカソがあります。ピカソの本名は長く、Pablo Diego José Francisco de Paula Juan Nepomuceno Cipriano de la Santísima Trinidad Ruiz Picasso（パブロ・ディエゴ・ホセ・フランシスコ・デ・パウラ・ホアン・ネポムセーノ・チプリアーノ・デ・ラ・サンティシマ・トリニダード・ルイス・イ・ピカソ）です。

✎ 「友達はあなたのことを何と呼ぶ？」を話題にする

最初は、ピカソのように遠い話材を用いても、最後は生徒の身近な話題に持っていきます。私の幼いころのニックネームは、ひろたん、ヒット、ひっぺ、そして大学からは、タッキー、現在もタッキーと呼ばれることが多いです。

そんなニックネームを取り上げます。中には、呼ばれたくないニックネームもあるかと思いますので、生活指導を含め、ニックネームの適切な使用についても、触れていきたいと思います。

✏ 長い名前で導入する、生徒との対話例 －call A＋B－

先生

> This is Picasso. He is a great painter. Do you know his name?

生徒

I don't know. / 確か長かったんだよな。

> His name is … Pablo Diego José Francisco de Paula Juan Nepomuceno Cipriano de la Santísima Trinidad Ruiz …Picasso. His name is too long. So we call him just Picasso.

わっ、長い！

> My name is Hiroto. When I was a baby, I was called ひろたん . When I was a student, <u>my friends called me ひっぺ</u> . And now, many friends call me タッキー . <u>What do your classmates call you?</u>

ヤマピー。

> Your classmates CALL YOU ヤマピー .

His name is too long.
We call him Picasso.

What do your
friends call you?

My friends call
me Tacky!

  ➡

世間のことを話題にする　　　　生徒のことを話題にする

5

原形不定詞
「眠くなるのはどんなとき？」

✏ 使役動詞と知覚動詞

　原形不定詞は、平成29年度告示の学習指導要領において新設された文法事項となります。使役動詞（make/let/have）や、知覚動詞（see/hear/look at）において、to 不定詞を用いず、動詞の原形を用いるところから「原形不定詞」と呼ばれます。次のように使われます。

The news <u>made</u> me <u>think</u> about peace once again.

　（そのニュースは私に、また平和について考えさせた）

I <u>saw</u> a cat <u>run</u> into the old house.

　（猫が古い家の中に入っていくのを見た）

　同様に、help でも、原形不定詞を使うことがあります。

✏ 「どんなときに眠くなる？」を話題にする

　生徒との対話を通じ、言語活動を通して目標文を提示することを考えると、〇〇 makes me sleep.（〇〇（する）と眠くなります）から入ると、多くの生徒が考えられるのではないかと思いました。

　私の場合は、Watching two hours' drama makes me get sleepy. Also watching movies in the theater makes me always get sleepy. ですが、生徒はどうでしょうか。

　その後、What makes you laugh?（笑わせてくれるものは何？）や、What makes you get tired?（疲れさせるものは何？）などと、話題を広げ、文法の解説をします。

✏️「眠くなるとき」を話題に、生徒との対話例 －原形不定詞－

 先生

I usually go to bed at 9, but last night, I went to bed at 8:30. I drunk beer and I got sleepy. <u>Drinking beer makes me get sleepy.</u> <u>What makes you sleep?</u> When do you get sleepy?

 生徒 1

Study.

Oh, <u>studying makes you sleep.</u> How about you?

 生徒 2

<u>Thinking about math makes me sleep.</u>

Really? How about English?

I don't study English at home.

Wow! <u>What makes you laugh?</u> For me, watching comedy shows makes me laugh. What about you?

 生徒 3

<u>Takeshi makes me laugh.</u>

I made Yuki clean the room.

make
（強制的）

I had Yuki clean the room.

have
（本人の納得の上で）

I let Yuki clean the room.

let
（本人の意思に任す）

6 how to 「日本文化を どのくらい知っている？」

✏ how to を生徒に使わせる場面の創出

how to（〜の仕方）は、箸の使い方や、箱の開け方、食べ方など、モノの使い方などで使われます。そこで、生徒との対話場面を考えた際、生徒がそのものの使い方や遊び方を知っているかどうか尋ねるという場面が思いつきます。しかし、それだけでは、次のような対話となり、生徒に how to を使わせることができません。

先生：Do you know how to play *shogi* ?

生徒：Yes, I do.

そこで、日本文化を提示し、それらのものの中で、どれを知っているかを尋ねることで、how to の使用を試みます。

✏ 日本文化のリストから、やり方を知っているものを言わせる

次のような日本の文化（遊び）・料理などを提示し、使い方で、どれを知っているか？と尋ねます。

〈遊び〉

・凧あげ（fly a kite）　　　　　・コマ回し（spin a top）

・けん玉（play *kendama*）　　　・将棋（play *shogi*）

・あやとり（play cat's cradle）　・折り鶴（make a paper crane）

〈料理〉

・味噌汁（make miso soup）　　　・茶碗蒸し（make *Chawan-mushi*）

✏ 日本の文化について話す、生徒との対話例　－how to －

先生

> Yuki?　We have many Japanese cultures. <u>I know how to play</u> *shogi*. When I was little, I liked playing *shogi*.
> **Do you know how to play *shogi* ?**

生徒 1

> No.

> You don't know how to play *shogi*.
> What do you know about these Japanese cultures?
> （日本文化のリストを見せる）

> I know *onigiri*.

> Oh, <u>you know HOW TO make *onigiri*.</u> I know <u>HOW TO</u> play *shogi*.
> How about you?

生徒 2

> I know … how to… fly a kite.

１つの基本文を教えたら、ほかに応用・発展させる！

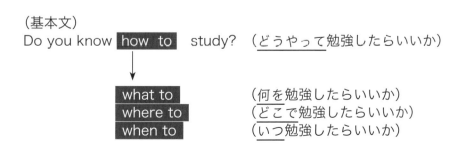

（基本文）
Do you know `how to` study?　（どうやって勉強したらいいか）

what to	（何を勉強したらいいか）
where to	（どこで勉強したらいいか）
when to	（いつ勉強したらいいか）

仮定法過去① 「もし見知らぬメールが来たら？」

📝 教師の体験談の中から、「もし〜だったら」を活用

　仮定法過去は、現在のことで、事実と反することのとき、また、現実にはあり得なそうなことのときに、「もし〜だったら、、、だろう」というように使われます。

　私自身、結局は知り合いだったのですが、あるメッセージが海外から急に入りました。数回のメールを受け取った後、とうとう返事をし、その後、私の大学生のときの写真が送られてきて「あっ、本物だ！」と思い、メール相手に安心した経験があります。

　この出来事が、まさに仮定法で使えると思いました。If you got the unknown message, what would you do?（もし、見知らぬメッセージを受け取ったら、どうする？）と尋ね、生徒と対話するのです。

📝 仮定法の定番といえば「どこでもドア」

　現実にはあり得ない想定で、「ドラえもんがいたら、どうするか」は、仮定法の定番といえるでしょう。If you could use any tools, what would you choose?（もしなんでも道具が使えるとしたら、何を選ぶ？）や、If you had a *dokodemo-door*, where would you go?（もしどこでもドアがあったら、どこに行きますか？）等で、言語活動を可能にします。

　また、*Doraemon* wants to have more tools. Please think and make a presentation to *Doraemon*. と、ドラえもんに新たな道具を提案する場面をつくります。そして最後に、If we had this tool, we could make many people happy. のように、仮定法過去を使って新しい道具を提案させていきます。

✏ 文法を導入する、生徒との対話例　－　仮定法過去－

先生

I got a strange message.（メッセージを見せる）
What would you do if you got this kind of message?

生徒 1

I … 無視する .

Oh, you WOULD ignore the message. I see. How about you?

生徒 2

返事する

Oh, you WOULD replay. And you?

生徒 3

I would …　削除

How do you say " 削除 "?

Delete.

Right. You WOULD delete the message. Good idea.

直接法と仮定法の違い

起こる可能性がある

現実にはあり得ない
事実に反する事柄

直接法
100% ◀━━━━━━━━━━▶ 仮定法
0%

| 直接法 | If it is sunny tomorrow, I will go out! |

起こる可能性が低い

| 仮定法 | If it were sunny tomorrow, I would go out. |

仮定法過去②
「～ならいいのにな」

✏️ どんな思いや願いがある？が対話の第一歩

I wish I could/would 動詞の過去形～．（～できたらいいのになあ／できれば～したいのになあ）という場面ってどんなときがあるでしょうか。もちろん、現在のことで、事実と反すること、また現実的にはあり得ないこととなります。

言語活動とは、実際に英語を用いて互いの考えや気持ちを伝え合うなどの活動を基本とするわけですが、そこには、発話者の本当の気持ちが大事です。

そこで、教師が初めて提示する英文も、できることなら、教師が本当にそう思うことを生徒に語りたいです。それが対話の第一歩です。

私が今現在、思う願いは、次のようなことです。

- たくさん自由時間があればいいのになあ。
  - ☞大好きな読書や、お出かけ、温泉に行きた～い。
- 晴れの日がたくさんあるといいのになあ。
  - ☞雨ばかりで畑になかなか入れない。
- 海外にも行きたいなあ～。
  - ☞ここ数年、行けていないからなあ。

こんな思いがあります。

✏️ 「思い」を授業の導入にする

上記のような教師の思いをそのまま授業で生徒に語ってもいいのですが、ここでも定番のドラえもんを話材にして、生徒に語りかけ、生徒の思いや願いを引き出し、導入とするのも良いかと思います。

ドラえもんネタで、生徒との対話例 － I wish I could/would －

先生

Doraemon has a lot of tools. What tools do you want? I wish I had a うちでの小づち. When I drive, green light always turns red. If I had a うちでの小づち, I could turn red to green light. I wish I had a うちでの小づち. What about you?

生徒1

I wish I had a どこでもドア.

Yes. It's a nice tool. Where would you want to go if you had a どこでもドア.

If I had a どこでもドア, I would go to Australia.

Nice. I would go to the moon. How about you?

生徒2

I wish I had a ウイルスバキューム.

ウイルスバキューム? What's that? What can you do with the tool?

We can … 減らす ウイルス。

仮定法過去のwishの4つの意味役割

仮定法過去

①実際には困難なことを言う　I wish I could fly.
②申し訳なさや残念さを表す　I wish I could help you.
③「そうだといいけれど現実は違う」というとき
　You can pass the exam. --- I wish! (I wish I could pass.)
④イライラな気持ちを表す　I wish it would stop raining.

仮定法過去完了

＊後悔を表す　I wish I had studied English more.

小中連携を図る重要性

1 ▶ 小学校で多くを学んでくる生徒

　実は、第4章で紹介している「How many」も「一般動詞の否定文」も「be動詞の過去形」も「一般動詞の過去形」も小学校で学習してくる表現です。やっていないのは、「3人称単数現在形」「現在進行形」「過去進行形」そして「疑問詞 Whose」です。意外と多くの言語材料を、〈表現〉として学んできていることに気づきます。

　そのような小学校で触れてきているものについては、既習事項として、どんどん口頭で聞かせることからスタートできます。「なんか、小学校でやったなあ」と思わせてから、文法指導します。ただし、留意したいのは、生徒にも個人差があり、定着している生徒と、すっかり忘れている生徒がいることです。

2 ▶ 中学校での役割は「文法を教える」こと

　中学校での役割は、〈表現〉を〈文法事項〉として教えきることです。文のルールを教え、応用発展させていけるようにすることです。そのために、私は、今こそ、小中連携が重要だと考えます。

　正直、小中連携は10年前とほとんど進歩がありません。教科書ができた現在、児童はかなりの英語学習の経験を積みます。小学校4年間（3〜6学年）で、210時間、英語に触れてきます。それも「聞く・話す」を中心として、耳から英語に慣れ親しんできます。中学校でも口頭で生徒に語りかけ、対話や言語活動を通じ、英語を習得・定着させていきたいです。

3 ▶ ぜひ行いたい！　児童と生徒の小中連携

　小中連携は、教師の相互授業参観、教師の相互研究協議、教師の異校種授業体験、小中合同研修会等、教師の小中連携は行われていますが、児童と生徒が合同で何かをするといった連携は、あまり実践されていません。

　今後、児童と生徒が一緒に授業を受けたり、中学2年生が小学3年生に読み聞かせをしたり、小学6年生が中学3年生に「中学校に入ってがんばりたいこと」を伝えたり、児童と生徒の交流が1年に一度でも開催できたら、ステキだなと思います。

第7章

教科書を使って英語で対話する

タイトルで、
対話する

✎ 教師の教材研究が試される場所は初回の授業

　教科書本文の内容に入る前に、タイトルを見て、タイトルで生徒と対話します。たとえば、「Hawaii, the 50th state」（50番目の州、ハワイ）というタイトルがあったとします。ハワイのことが紹介されていたら、教師が教材研究でハワイのことについて調べます。

　ハワイって、いつアメリカの州になったの？／ハワイの特産品は？／ハワイではどんなことができるの？／火山ツアーって、どんなツアー？／フラダンスのフラってどういう意味？／アロハシャツが正装なの？／ロコモコってどんな食べ物？／などなど、多くの疑問が出てきます。

　およそ50くらいは自分で疑問や質問をあげ、それをノートに①〜㊿まで番号をふり、書いていきます。そして、それらの答えを調べ尽くすと、よい教材研究になります。

✎ 既有知識の確認と、題材への興味関心を引き出す！

　教師の教材研究により、タイトルから多くの疑問や発見が得られるかと思います。それらの疑問や発見の中で、生徒が興味を示しそうなものを選び、興味を示しそうな手順で取り上げていきます。ここでは、教材としての授業構成力が、教師に求められます。

　タイトルから生徒と対話する大きな目的は2つあります。1つは、どの程度題材について生徒は知っているのかという既有知識の確認と、もう1つは、題材への興味・関心を生徒に持たせることです。この2つのねらいで、生徒と対話することになります。

先生

> Look! This is Hawaii. <u>What do you know about Hawaii?</u>

生徒1

> It is hot.

生徒2

> The ocean is beautiful.

生徒3

> They eat locomoco.

> Hawaii is one of the places I want to visit. <u>Who is this?</u>

> カメハメハ.

> Right. <u>What does Kamehameha mean?</u>

生徒たち

> I don't know.

> It means "a lonely person." Maybe, he was lonely. In Hawaii, you can enjoy Hula dancing, watching sea turtles, and marine activities. You can see a volcano too. <u>What do you want to do in Hawaii?</u>

生徒2

> I want to swim in the beautiful ocean.

疑問や質問を50個あげる！

Unit 7 Hawaii, the 50th state

①いつハワイ州になったの？
②フラダンスって踊りに意味があるの？
③カメハメハって誰？
④ハワイ語で「こんにちは」は？
⑤ロコモコって、どんな食べ物？

⑥コーヒー豆はとれるの？
⑦日本との時差は？
⑧火山があるのはどの島？
⑨島はいくつあるの？
⑩カメハメハ・デーは何する？

2

「事実発問」で
対話する！

✎ オーラル・イントロダクションで既有知識を確認！

　教科書の本文を指導します。その際、最初にオーラル・イントロダクションやオーラル・インターラクションで、生徒に本文の内容について興味を持たせたり、既有知識を確認したりします。たとえば、アンパンマンの話題であれば、次のような質問をし、生徒の既有知識を確認します。

　　先生：What do you know about *Anpanman*?
　　生徒1: He can help many food characters.
　　先生：Yes, *Anpanman* helps many people. What else?
　　生徒2: Yanase Takashi drew the story.
　　先生：Right. Why did Yanase Takashi create *Anpanman*?
　　生徒たち：…
　　先生：O.K. Let's read a story about *Anpanman*.

✎ 事実発問とは！?

　事実発問（Fact-Finding Questions）とは、本文中に書かれている内容について問う発問になり、答えは本文中にあります。本文を導入し、内容理解を行う際、最初に確認すべきは、生徒が内容を正しく把握できているかどうかです。そのための発問が、「事実発問」です。

　たとえば、Who created *Anpanman*?（誰がアンパンマンをつくったのですか？）という質問に、生徒は本文中より答えを見つけ、Yanase Takashi did.（やなせたかしさんです）と答えられることが必要です。

✏️ 「事実発問」を用いて行う、生徒との対話例

 先生 Now, I want to ask you some questions about the text. First, who created *Anpanman*?

 生徒たち Yanase Takashi did.

 Yes. What did he like when he was a boy?

 生徒1 He liked drawing pictures.

 Right. What was his dream?

 生徒2 He wanted be a cartoonist.

 How old was he when he became a cartoonist?

 生徒3 He became a cartoonist at the age of 34.

 Good.

5W1H＋2Wで尋ねる！

- Who（誰が・誰と）
- Whose（誰の）
- What（何を）
- When（いつ）

5W1H＋2W

- Where（どこで）
- How（どのように）
- Which（どちらの）
- Why（なぜ）

「推論発問」で対話する！

✐ 推論発問とは!?

　「推論発問（Inferential Questions）」は、文字どおり、「推論させる発問」になります。本文中には書かれてはいないけれど、本文の内容から考えて、「きっとこうだろう」「このあと2人はこうするだろう」などと、予測・推測させる発問になります。

　この推論発問により、生徒のイマジネーションを豊かにしたり、友達の意見を聞いて考えを深めたり、ときには、主題に迫ることもできます。

　推論発問では、ときに、本文中に推論する根拠があるとよいということも聞きますが、中学校の教科書自体は文量が少ないので、本文中に根拠のある推論発問は作成が困難です。

　たとえ根拠はなくとも、生徒はどう思ったのかという、考えや気持ちを伝え合うことができれば、英語学習のよい練習になると考えます。

✐ アンパンマンを推論する！

　アンパンマンは、人を助けるとき、頭の一部をちぎって他人に与えます。痛くないのでしょうか。Does it hurt when *Anpanman* gives a part of his head?（アンパンマンが頭の一部をあげるとき、痛くないのかな）。

　みなさんなら、どう答えるでしょうか。私なら、I think he hurts. But he wants to help the others.（痛いと思うけど、ほかの人を助けたいと思っている）などと答えるでしょうか。

　この発問により、自分に痛みを感じつつも他人を救うのが本当のヒーローであるという主題に迫ることができます。

✏️ 「推論発問」を用いて行う、生徒との対話例

 先生
Why did he make *Anpanman* for adults?

 生徒1
I think he wanted to tell adults about justice.

You think that he wanted to tell adults about justice. Good.

 生徒2
I think adults like reading comics so he made it for adults.

I see. But the adults didn't read his cartoons. What did he think?

Let's make it for children!

Good. I think so too. He became a cartoonist when he was 34 and when he was 54, *Anpanman* was released. It took 20 years. Did Yanase think to give up making cartoons?

I don't think so.

Why do you think so?

He wanted to make his dream come true.

推論発問を考える視点

登場人物		出来事
・行動	本文中から	・いつ
・目的		・どこ
・性格	挿絵・写真から	・どんな
・人間関係		・状況
・心情	タイトルから	・結果

「自己関与発問」で
対話する！

🖉 自己関与発問（評価発問）とは⁉

　「自己関与発問」は、生徒自身のことを尋ねる発問になります。たとえば、「もしあなたが〇〇だったら、どうしますか」「もしあなたが〇〇だったら、どう思いますか」のように、その人の立場になって考えたり、「コンピュータをどんなことで使いますか」「この３つの中では、どの時計が欲しいですか」と、トピックについて、生徒の考えや思い、理由を尋ねたりします。

　とかく日本人は、自分の考えや気持ちを伝えるのを苦手としています。相手がわかるように結論をはっきりと言ったり、理由や根拠を加えたり、相手がわかるように、伝える力を育てていきたいと思います。

🖉 アンパンマンで自己関与発問をする！

　アンパンマンを扱った題材では、「正義のための本当のヒーローってどんな人」が主題となります。そこで、生徒の思いや考えを引き出す発問には、What kind of person is a true hero?（本当のヒーローって、どんな人？）や、Do you have heroes?（ヒーローはいますか？）、Who is your hero?（あなたのヒーローは誰？）というような発問を生徒に投げかけ、生徒に自分の考えや気持ちを伝えさせます。この習慣が、「自分の考えを持つ生徒へ」と成長していくと考えます。

　仮定法は中学３年生で学びますが、習っていないから使わないというのではなく、必要な表現は、表現として「If you were 〜（もし、あなたが〜だったら）、I would 動詞の原形」として、教えて使わせていくとよいでしょう。

「自己関与発問」を用いた、生徒との対話例

先生
> Who is your hero?

生徒1
> My hero is my brother.

> Please tell me more.

> He is a high school student. He plays basketball. He is a captain in his team. He is a hardworking person. Also he is kind.

> I see. You have a nice brother. Do you want to be like him?

> Yes. I want to be a good basketball player like him.

> What kind of person is a hero?

生徒2
> I think a true hero … is always thinking about others.

> Right.

自己関与発問で生徒の考えや気持ちを引き出す！

What do you think?

どう思うの？

Why do you think so?

なぜそう思うの？

If you were ○○ , what would you do?

もしあなたが○○だったらどうする？

What can you do to help animals?

何ができる？

Have you ever watched wheelchair tennis matches ?

〜を見たことがありますか？

5

生徒に質問を
つくらせる

✏ Make questions.と、質問をつくらせよう

　何事も生徒に力をつけるためには、自立的になるよう指導しなくてはいけません。3つの種類の発問（本章❷❸❹）で生徒に質問を投げかけるのと同時に、生徒にも質問をつくらせていきます。

　中学1年生くらいでは、教師が生徒に質問をしていき、どんな質問が寄せられるのか確認し、その経験を踏まえ、中学2年生くらいで、Make questions.（質問をつくってみよう）と、つくらせます。

　おそらく最初は、事実発問が多いかと思いますが、そのうち、推論発問や自己関与発問などが生徒から出てきます。それらをタイムリーに取り上げ、ペアで対話させたりすると、よい言語活動の場になります。

✏ 最初は日本語で2つ、英語で1つ！

　柳井智彦氏（元大分大学教授）から、「3つ質問をつくらせ、2つは日本語、もう1つは英語でつくらせる」という実践を教わりました。

　私も授業で実践しました。2つ日本語でつくることから、生徒にとってみると安心感につながります。また、1つは英語で質問をつくりますので、それらを8人ほどに黒板に書いてもらい、その後、みんなで質問に答えるという活動をしたことがあります。

　元々は、質問づくりをさせることによって、本文の内容理解を深めることに目的があるのですが、もし、生徒がつくった質問の中に、推論発問や自己関与発問があったら、それらをペアで対話させると、よい対話活動になります。

✏ 生徒に質問をつくらせての、生徒同士の対話例

先生

We have eight questions on the board. We want to talk about these topics. First, let's ask "If you go to Hawaii, what do you want to do?"and talk in pairs for one minutes. Start.

生徒 1

Hello. How are you?

生徒 2

Good, how are you?

Good too. If you go to Hawaii, what do you want to do?

I want to swim in the sea. The sea is beautiful. How about you?

I want to take a volcano tour. I want to see a volcano nearby.

Sounds fun. Is it dangerous?

I don't know, but if we go in a tour, we are safe.

What do you know about ...?

What do you know about pandas?

They are originally animals from China.

生徒に質問をつくらせる　　　考えた質問でやり取りを行わせる

6

対話文の一部を
変えて、対話する

🖊 対話文を使って、生徒同士の対話を行う！

　教科書には、多くの対話文があります。その対話文を使って、生徒同士の対話ができないか考えます。

　たとえば、対話文をプリントで配付し、下線を引かせます。その下線を引いた部分は、生徒が自由に変えられる場所とします。

　　Libby: Are you <u>on the baseball team</u>?
　　Ken: <u>Yes, I am.</u>
　　Libby: <u>Cool.</u>
　　Ken: Are you a <u>baseball fan</u>?
　　Libby: *No, I'm not.* I like <u>music</u>.
　　Ken: OK. Let's go to the <u>music room</u>.

🖊 特定の場面英語を扱った課では、積極的に対話させよう

　本課と本課の間には、Let's Listen や、Let's Talk 等があります。Let's Talk では、特有の場面で用いられる英語があり、大抵が対話文となっています。

　そのような対話文では、ペアで音読をさせた後、対話文の一部を変えてスキットを演じさせたり、対話文を延長させて、対話を続けさせたりできます。

　音読は、対話文そのままですが、対話文の一部を変えて対話させると、ペアによって、オリジナル対話が生まれます。

✏️ 対話文の一部を変えて行う、生徒同士の対話例

先生: 下線を引いたところは自分のことに変えて、友達と対話しましょう。OK. Make pairs. Start.

生徒1: Hello.

生徒2: Hello.

Are you <u>in the music club?</u>

<u>No, I'm not.</u>

<u>Really?</u>

Are you <u>a music fan?</u>

<u>No, I'm not. I like comedies.</u>

O.K. Let's go to the <u>PC room and let's watch YouTube.</u>

on the baseball team に下線を引きましょう！

Are you on the *judo* team?

No, I'm not.

対話の例文に下線を引かせる　　　　　下線部を変えて対話をさせる

7

説明文や物語文では、あいづちを入れる

✏ 「あいづち音読」で、対話の気分！

　説明文や物語文では、音読の後、ペアで「あいづち音読」をさせましょう。これは、ペアの片方が文章を読みます。それを聞きながら、相手が１文言うたびに、ペアのもう片方が、何か英語であいづちや質問を入れていきます。こうすることで、対話文ではないのに、まるで対話文かのように聞こえます。また、「対話しているように聞こえたら合格！」としてみてもよいでしょう。

　さらに、この「あいづち音読」は、Small Talk でのあいづちの練習にもなります。

✏ ペアを替え、複数回行う！

　生徒をペアにし、机を向かい合わせます。じゃんけんをさせます。じゃんけんに負けた人は、本文を読んでいきます。勝った人は、負けた人が１文読むたびに、あいづちや質問を入れます。

　約１分後、教師から合図を出し、右の図のように席を１つ移動させます。同様に、じゃんけんをし、「あいづち音読」をしていきます。

　I see. や、Me too. Really? Nice idea. などのあいづち表現のほか、どうしても言う言葉がなければ、「Tell me more.（もっと言って）が言えるよ」と言うと、生徒は喜んで、Tell me more. を使ってきます。最後に、どこかのペアに発表させます。

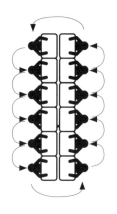

✏️ 「あいづち音読」での、生徒同士の対話例

生徒1 Hawaii is the fiftieth state in the U.S.

生徒2 Really?

Yes. Kamehameha was the first king of Hawaii.

I see.

You can enjoy Hula dancing ,watching sea turtles, and marine activities.

Wow!

You can hear Hawaiian English too

Tell me more.

Hawaii is really a fascinating state.

Yes. I think so too.

対話をつなげる４つの反応

繰り返し　（*Sushi*? / You ate *sushi*?/ Yesterday?）

あいづち　（I see./ Me too./ Really? / Uh-huh./ Right.）

質　　問　（How about you? / Was it fun? / What did you do?）

感　　想　（Good. / Nice. / Good idea.）

8

情報や要点、概要を問う

✏️「情報」を伝える

読んで知り得た情報を他者に伝えます。たとえば、Ken is on the baseball team. や、Libby likes music. のように、本文を読んでわかった情報を生徒同士で伝え合わせます。

✏️「要点」を伝える

説明文では、要点（筆者が言いたいこと）を読み取らせることが大事です。物語文では、それが主題となり、また、対話文では、誰が何を言いたかったのかを読み取らせます。

生徒に要点や主題を見つけさせ、その後、ALT にも同様に尋ね、同じところが要点や主題として選ばれているかどうか、チャレンジタイムと称し、やってみると生徒は本気になるかもしれません。

✏️「概要」を伝える

リテリング（retelling）という活動があります。これは、読んだ内容を他者に伝える活動であり、学んだ語彙や表現をどのように使ったらよいのかのよい勉強になります。

それと似ていますが、概要（outline）を生徒に問います。What is the outline of this story?（この話の概要は何ですか）または、What is the story about?（これは何について書かれていますか）。生徒はペアで概要を伝え合います。

✏️ 「要点」を確認し合う、生徒との対話例

 先生

> Please tell us about the story.

 生徒1

Miyuki joined the volunteer work.

 生徒2

Miyuki went to the river and picked a lot of plastic bottles.

 生徒3

Miyuki wants to join the volunteer work again.

> O.K. What is the main point of this story?
> Talk about it in pairs.

 生徒1

Miyuki enjoyed the volunteer work.

 生徒2

I think we should keep our nature clean.

> Tell us the main point.

 生徒3

We must protect our natures.

情報 (content) をつかむ

↓

要点 (main point) をつかむ

↓

概要 (outline) をつかむ

リテリング

> This is Miyuki. She joined the volunteer work last Sunday… .

おわりに

　令和４年の夏、私はじいじ（grandpa）になりました。英語のセミナー関係も、８月の上旬までに固め、中旬以降は予定を入れず、孫が生まれてからは、何かできることはないかと、自宅（娘は里帰り）で仕事です。そんな令和４年の夏のセミナーでは、もちろんその話題から始まります。

　Hello. Summer is here! I like summer because I have a long vacation.

　Do you like summer? Do you have any plans in summer? I am growing watermelons in my small garden in Gifu, （スイカの写真）so I want to eat MY watermelon this summer.（かき氷の写真）I want to eat shaved-ice. I bought a shaved-ice machine last year.（かき氷機の写真）.

　このようにやりたいことを want to を使って３〜４つ語った後、次のように言いました。But I have to stay at home in Chichibu, Saitama this summer. Do you know why? と、娘のお腹の大きい写真を見せて、My daughter is going to have a baby in August. I'm going to be a grandpa this summer. そして、無事、じいじになったわけです。

　何が言いたいかというと、このように教師の身の回りの本当のことを語っていくのが、いいと思うのです。誰かわからない登場人物の Meg や、Takeshi で学ぶより、教師の本当のことを伝え、生徒に語りかけ、生徒と対話を行い、その中で、be going to を導入するのです。

　もちろん、その話題と文法事項の組合せのチャンスは、夏のセミナー前で終わります。夏休み明けセミナーでは、もちろん、I became a grandpa. This is my granddaughter. Her name is Natsumi. Her parents named her Natsumi, summer ocean（なつ海）. と自己紹介しました。授業では、call（name）A＋B の文型に絡めることができます。

　このように、教師の本当のことや、身の回りのことを使って、生徒と対話しながら、言語材料を登場させ、言語活動に持っていけばいいのではないか

と考えます。

　さて、対話で授業する ―― どうでしたか。ひと昔前までは考えられなかったことが、現在できるようになってきています。それも小学校に外国語が導入されてからになります。

　生徒は英語を物おじせず聞き、そして伝えようとします。正確さには課題があるものの、伝えようとする気持ちや態度は、以前にはなかった姿でした。

　また、多少の表現は、聞ける・話せるようになっています。今こそ、対話で英語授業を組み立てるチャンスであり、教師の意識改革のときかと思います。ぜひ、このような良さを中学校の英語授業で生かしていってもらいたいと思います。

　本書は、学陽書房の河野史香さんの企画で始まりました。課題を与えられると、人は考えます。だから私は、余程のことがない限り、断らないようにしています。かつては封書で雑誌の原稿依頼が届いたとき、依頼内容を読まずに、「諾」と返事を書き、その後、内容を見たものでした。

　また、私は常々、「力があるから本を書くのではない。力がないから本を書き、一歩でも前進できるようにするのだ」と思っています。もちろん力なんてありません。でも、課題に直面し、課題を克服しようと考えるところに、人は力がつくと信じています。

　今、私たちが取り組まなければいけないことは、「言語活動」です。言語活動を通して、どのように語彙や文法を指導するのかを研究するときです。そして、嘘っこでない、本当のやり取りを生徒と「対話」することです。その秘訣は本書に込めたつもりです。

　日本の英語教育が前進していきますよう、意図的な教育実践を重ねていってもらえたらと思います。私も、英語教育という専門分野の中で、最善を尽くしていきます。

令和5年1月 吉日
岐阜大学教育学部　瀧沢広人

著者紹介

瀧沢 広人 (たきざわ ひろと)

1966年1月、東京都東大和市に生まれる。1988年3月、埼玉大学教育学部（小学校課程）を卒業。埼玉県内の公立小・中学校等で30年勤務した後、2018年4月岐阜大学教育学部にて学生指導にあたる。主な著書は『実例でわかる！ 中学英語 パフォーマンステスト＆学習評価』『中学英語 生徒が5分で話し出す！ スピーキング活動ベスト45』『クラス全員のやる気にスイッチが入る！ 英語授業のつくり方』（以上、学陽書房）ほか多数。モットーは、明るく前向きに。全国の英語教育セミナー、講演会などで活躍中。
メールアドレス : takizawa@chichibu.ne.jp

言語活動が充実する！ 対話でつくる英語授業

2023年3月7日　初版発行

著 者	瀧沢 広人（たきざわ ひろと）
発行者	佐久間重嘉
発行所	学 陽 書 房

〒102-0072　東京都千代田区飯田橋 1-9-3
営業部／電話 03-3261-1111　FAX 03-5211-3300
編集部／電話 03-3261-1112
http://www.gakuyo.co.jp/

ブックデザイン／スタジオダンク　本文イラスト／坂木浩子
DTP制作／越海辰夫　印刷・製本／三省堂印刷

**実例でわかる！ 中学英語
パフォーマンステスト&学習評価**

瀧沢広人

A5判・136頁　定価 2,090 円（10％税込）

パフォーマンステストの方法とその評価がこの一冊でよくわかる！

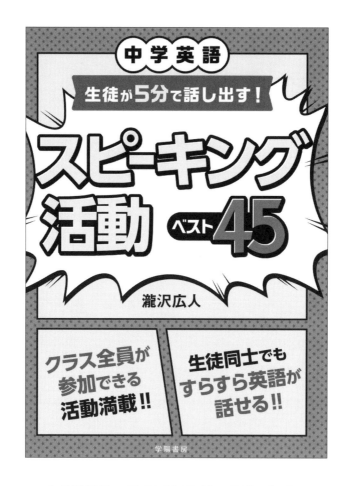

中学英語　生徒が5分で話し出す！
スピーキング活動ベスト45

瀧沢広人

A5判・128頁　定価 1,870 円（10%税込）

スピーキング指導のコツや授業の盛りあげ方がよくわかる！

授業が必ず盛り上がる！
小学校英語ゲームベスト 50

瀧沢広人

A5判・136頁　定価 1,980 円（10％税込）

小学校の英語授業を盛りあげるための活動やヒントが満載です！

指導のアイデア満載！
英語授業のタブレット活用

瀧沢広人／渡部正実

A5判・160頁　定価2,090円（10％税込）

タブレットを使った英語授業の具体的な指導手順がイラストや画像でよく
わかる！